# 전략적 말하기의 이론과 실제

김은철 · 최려원 · 김명희 공저

THE THEORY AND PRACTICE OF
**STRATEGIC SPEAKING**

양 성 원

# 머리말

우리는 당연한 일상의 소중함을 잊어버리고 살아간다. 살아가는 데 소중하지만 그 소중함을 소홀히 하는 것이다. 공기나 물이 없으면 한순간도 살지 못하고 가족이 없다면 자신의 존재 역시 없을 것이다.

말하기도 역시 마찬가지다. 하루에도 수많은 말을 통하여 정보를 전달하고 친밀한 사람들과 공감하는 일상의 소중함을 우리는 잊어버리고 산다. 만약에 우리에게 말하기라는 의사표현의 수단이 없다면, 다른 사람과 협력하지 못하고 적대적 관계를 유지하는 야만적 야생의 삶을 살 것이다. 다행히 우리에게는 이런 말하기라는 소중한 의사소통의 수단이 있어 '생각'하고, '말'하고, '전달'하며 '이해'하는 활동을 통하여 지금의 문명을 향유하는 것이다.

말하기는 문자 언어를 사용하는 글쓰기와 다르게 음성 언어를 중심으로 표현하는 의사소통의 한 방법이다. 그런데 말하기를 어떻게 하느냐에 따라 말하기가 약이 되고 독이 되기도 한다. 우리 문화는 예전부터 말보다 행동을 중요시하는 경향이 있어서 말하기를 부정적으로 보았다. 그러나 오늘날과 같은 정보화 사회에는 수직사회가 아니라 수평사회가 되어서 자기 생각을 말하기로 표현하지 않으면 여러 불이익을 당할 수밖에 없다. 따라서 말하기의 실체를 잘 이해하고 그것을 활용하는 능력은 필수다.

Part 1은 말하기와 의사소통 실무지침서로 언어능력을 높일 수 있도록 구성하였다. 언어능력은 상대로부터 호감과 신뢰를 얻는 것이며, 호감과 신뢰를 얻으려면 사랑과 존중을 주고받을 수 있어야 한다. 사랑과 존중을 주고받는 능력이 곧 소통능력이며, 이러한 소통능력은 설득력과 리더십으로 드러난다. 즉, 사람을 진심으로 배려하고, 사랑하고, 존중하는 마음을 갖는 것이 곧 소통 능력의 기본이다. 이것이 말하기와 의사소통을 배우고자 하는 사람의 기본적인 마을가짐이어야 한다. 수사학의 기틀을 마련한 퀸틸리아누스(Quintilianus)는 가장 이상적인 말하기는 한마디로 "좋은 사람이 말잘하는 것(vir bonus, dicendi peritus = Good person, speaking well)"이라 정의했다. 이는 좋은 사람이 되어야만 진정 훌륭한 말하기가 될 수 있다는 뜻이다. 이처럼 말하기와 의사소통능력을 갖춘다는 것과 "좋은 사람"이 된다는 것은 같은 말이다. 특히 이 장에서는 비언어적 말하기의 중요성과 긍정적 스트로크 말하기, 칭찬 대화법, 이메일 커뮤니케이션, 나－전달법 훈련을 통해 간호사가 만나야 하는 의사, 환자, 환자가족, 동료 등 보다 실무적인 내용으로 건강한 관계로서의 말하기와 의사 표현방법을 적용하였다.

Part 2는 말하기 능력 가운데 토론능력을 구체적으로 알아보는 것이 목적이다. 우리는 일상에서 어떤 문제에 대한 의견이나 해결책, 결론 등에 대하여 이미 정해진 자신의 입장이 있다. 그런데 반대의 입장에 서 있는 사람과 대립하고 충돌하는 경우가 있다. 바로 이 지점에서 토론이 시작한다. 따라서 우리는 토론을 제대로 이해하고 토론의 준비과정과 전략을 이해하면 실제로 제대로 된 토론을 할 수 있는 능력을 발휘할 수 있다.

덧붙여 자신의 생각을 논리적이고 효율적으로 표현할 수 있는 능력과 다른 사람의 의견을 존중하며 듣는 자세를 키울 수 있다. 토론은 비판적 사고능력과 합리적 의사소통능력을 향상하는 데 도움이 될 뿐만 아니라 '말하기'라는 일상의 소중함을 이해하는 데 도움이 된다.

Part 3은 프레젠테이션이다. 인터넷의 광범위한 발달과 더불어 간단명료한 '쓰기'와 '말하기'가 전례 없이 요청되고 있다. 특히 '말하기'는 사람들이 짧은 시간에 많은 정보를 얻을 수 있도록 간결하게, 그러면서도 충분히 의사를 전달할 수 있는 효율적인 방식으로 발전되어 오고 있다.

프레젠테이션도 여러 자료를 사용하여 복잡하게 보여 주기보다는 전달하고자 하는 요점만 부각해, 청중을 논리적으로 그리고 정서적으로 마음을 움직이는 방향으로 발달되어 오고 있다. 3장에서는 이러한 추세 아래, 전체의 틀을 스토리화 하고, 정서를 얹어 감동을 주는, 논리적이면서 감성적인 대학 프레젠테이션에 대해 말하고 있다. 만일 여러분이 3장을 잘 익힌다면, 대학생활에서 마음을 울리는 멋진 '프레젠테이션'을 할 수 있을 것이다.

"글을 쓸 때는 솔직하게, 말을 할 때는 진심을 담아 하자"

2022년 2월

저자 일동

# 차 례

## PART 3 프레젠테이션

# PART 1

# 말하기와 의사소통

## 학습목표

1. 의사소통의 기법을 설명할 수 있다.
2. 말하기의 기본에 대해 설명할 수 있다.
3. 말하기 훈련을 통하여 말하기 능력을 높일 수 있다.
4. 표정, 제스처, 이미지를 만들어 표현능력을 높일 수 있다.
5. 말하기에 있어 다양한 감정표현을 설명할 수 있다.

# 1. 비언어적 말하기의 중요성

### 메라비언의 커뮤니케이션의 첫인상 3초의 법칙 이야기

미국의 사회학자 앨버트 메라비언(Albert Mehrabian)에 의하면 메시지를 전달하는 데 있어 표정이 35%, 태도가 20%, 목소리가 38%, 말이 7%를 차지한다고 한다. 시각적인 이미지가 절반 이상의 비중을 갖는 것이다. 또 남녀의 만남이나 면접 등에 있어 3초 안에 상대에 대한 호감 여부가 결정되는데, 이것은 후에 들어오는 정보보다 훨씬 강력한 영향을 미치게 된다. 이것을 초두효과라고 한다.

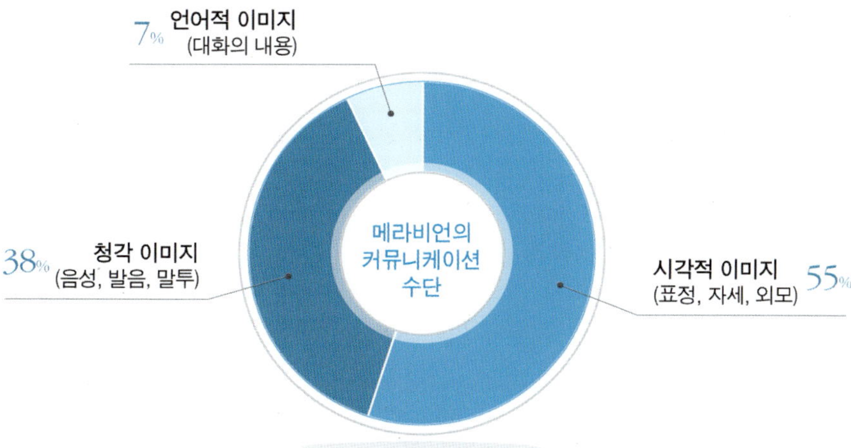

## 1) 메라비언 법칙(의사소통에서 언어는 7%밖에 차지하지 않는다.)

: 의사소통은 기본적으로 언어적 요소와 비언어적 요소로 이루어진다. 언어적 요소는 적절한 언어 사용에 관한 지식을 포함하는데, 내가 전하려는 바를 적절한 단어를 골라 적절하게 사용하는 것을 말한다. 한편 비언어적 요소는 제스처나 얼굴표정, 눈 맞춤, 물리적 거리, 억양이나 어조 등으로, 언어적 내용 그 자체는 아니지만, 의사전달에 영향을 미치는 요소들이다. 전통적으로 면 대 면 의사소통과 새로운 방식을 구분 짓는 것은 바로 비언어적 요소이다 그런데 단순히 언어 구사력이 뛰어나다고 해서 의사소통이 잘 되는 것이 아니다. 의사소통에서 비언어적 단서의 중요성을 강조한 입장들 중 '메라비언 법칙'이라는 것이 있다.

: 이는 캘리포니아 대학의 앨버트 메라비언이 주장한 것으로, 의사소통의 효과에서 비언어적 의사소통이 차지하는 비중이 크다는 것이다. 이 연구에 의하면, 서로 대화하는 사람들을 관찰한 결과, 상대방에게 내용을 이해시키는 데 있어서 목소리는 38%, 표정은 30%, 태도는 20%, 몸짓이 5%의 영향을 끼치지만, 말하는 내용(어휘) 자체는 겨우 7%의 비중밖에는 차지하지 않았다.

### (1) 정보는 구체적으로, 감정은 풍부하게

: 이를 더 확실하게 보여 준 연구가 있다. 미국 캘리포니아 대학의 댄 아르케(Dan Arke) 박사는 두 남자가 막 끝난 농구경기에 대하여 토론하는 장면을 비디오테이프로 보여주고, 실험 참가자들에게 이 두 사람의 대화를 듣고 누가 이겼는지를 판단하도록 하였다. 이때 의사소통하는 방식에 차이를 두었다. 하나는 언어적 자극만을 제시하는 조건이었으며, 다른 하나는 언어뿐만 아니라 제스처 등과

같은 비언어적 자극을 모두 제시하는 조건이었다. 실험결과는 명백했다. 언어적 자극과 비언어적 자극을 모두 제시받은 조건의 정확도가 현저히 높았다. 비언어적 자극을 적극적으로 활용하자. 상대와 눈을 마주치는 것을 회피하는 것보다는 눈으로 진심을 표현하는 것이 좋다. 프레젠테이션을 할 때에는 당당한 몸짓과 단정한 태도가 상대에게 신뢰감을 준다.

따뜻한 표정과 밝은 미소가 정확한 말 한마디보다 상대에게 더 오래 기억에 남는다. 정보는 최대한 정확하게 가다듬고, 감정은 최대한 풍부하게 표현하는 것이 바람직하다. 당신이 진심을 다해 말하고 있음을 온몸으로 표현하는 것이 중요하다.

### (2) 신중하게, 신중하게, 신중하게

의사소통은 이렇듯 언어적인 것뿐 아니라 비언어적인 것으로부터 큰 영향을 받는다. 상대에 대한 작은 배려와 세심한 주의, 약간의 센스가 의사소통을 좌우한다. 이러한 현상은 문자에 의한 의사소통에서 더욱 두드러진다. 문자상 내용이 애매한 경우에는 특히 비언어적 의사소통이 중요하였다. 피츠버그 대학의 심리학자 데이빗 얼브리튼(Daivd Albritton)은 애매한 문자 내용을 제시하고, 화자의 비언어적 행동을 변화시켰다. 즉, 화자의 말투, 강약, 얼굴표현 등을 공손하거나 불손하게, 낙천적이거나 음울하게, 비아냥거리거나 진실되게 등 다양하게 조작하였다. 그 결과 비언어적 단서가 어떻게 주어졌는가에 따라, 같은 문자 내용이라 할지라도, 메시지를 받은 사람은 상대를 공손하다고 여기기도 했으며, 정반대로 불손하다고 느끼기도 했다.

: 자칫 스스럼이 없거나 편한 사람들에게 문자를 보낼 때, 소홀하기 쉽다. 거래처 직원과, 혹은 팀 내부의 사람들과 의사소통을 할 때에도 신중해야 한다. 나의

메시지를 상대방이 어떻게 느낄까를 마지막까지 생각해야 한다. 다시 한번 강조하지만, 메신저, 전화, 이메일, 문자 등은 의사소통의 편리한 도구일 뿐이다. 그 편리함이 의사소통을 보다 효율적으로 만들어 줄 것이라 생각해서는 안 된다. 그 어느 때보다 의도가 왜곡되고, 진심이 오해될 수 있는 가능성이 높아진 시대를 우리는 살아가고 있다.

### (3) 경청하고, 경청하고, 경청하라

: 이처럼 우리는 단순한 언어로만 의사소통하는 것이 아니다. 언어에도 눈치가 있고, 그 눈치에 의해 언어를 배워 가고, 의사소통능력이 계발되어 가는 것이다. 상대의 말을 잘 못 알아들을 경우, 상대가 제시한 정보(언어)를 통해 상상력을 발휘해 보는 편이 좋다. "말이 이해가 되지 않는데요"라는 말을 무심결에 내뱉는 것은 "당신을 이해할 수 없군요"라는 말로 들릴 가능성도 내포하고 있다.

: 의사소통은 상대가 말하는 맥락, 지금 상대의 기분, 상대가 처한 상황을 이해하는 것에서 출발한다. 경청하라. 경청하고 또 경청하라. 경청이란 상대의 언어를 잘 듣는 것뿐 아니라, 상대가 말하는 의도를 파악하려 노력하는 것이다. 언어에 담아낸 상대의 마음을 있는 그대로 받아들이고 공감해 주는 것이다. 이런 사람이 조직 내에서 의사소통의 중심이 되며, 이런 사람 주변에 사람이 모여들 수밖에 없다.

### Tip 언어 사용의 3원칙

| 구분 | | 표현요령 | 화제선택 |
|---|---|---|---|
| 밝게 | | • 명랑한 목소리+즐거운 기분<br>• 유머 센스 활용 | • 건전하고 밝은 이야기<br>• 건강한 이야기<br>• 즐거운 이야기 |
| 상냥하게 | 듣기 쉽게 | • 알기 쉽게 말한다.<br>• 전문어, 약어 주의<br>• 적당한 속도, 정확한 발음 | • 모두가 이해하기 쉬운 이야기 |
| | 상냥하게 | • 상대방의 입장 고려하여 공손하게 | • 마음을 따뜻이 하는 부드러운 이야기 |
| 아름답게 | | • 은어, 유행어 지양 | • 아름다운 이야기 |

## 2) 말하기의 기본

### (1) 자기소개

'첫 인상의 30초가 그 사람 이미지의 절반을 차지한다.'고 한다. 자기소개는 사적이든 공적이든 첫 만남에서는 필수이다. 조직 생활이나 행사 등에서 맨 먼저 치르는 피해 갈 수 없는 절차이기도 하다. 자리의 성격에 따라 차이가 있겠지만 단순히 자신의 이름이나 소속을 상대에게 전달하는 정도로 그쳐서는 안된다. 자기소개를 하는 그 순간은 자신을 상대에게 강한 인상을 남기고 앞으로의 교제나 교섭을 성공시키기 위한 최초의 관문이다. 상황에 알맞게 여러 가지의 패턴을 미리 만들어 두었다가 그때그때 적용하면 좋을 것이다. 자신을 인상 깊게 소개하는 것은 올바른 대인관계의 첫걸음이 되며, 타인과의 차별화를 이룰 수 있는 지름길이 되기도 한다.

**Tip 일상적으로 소개하는 요령**

① 성명 등을 분명하게 밝힌다.
② 자신을 강하게 나타낼 수 있는 에피소드를 소개한다.
③ 유머를 섞어서 소개한다.
④ 자신의 장점을 은근히 표현한다.
⑤ 공통된 화제를 이끌어 낸다.
⑥ 상대방에게 흥미가 있는 정보를 이끌어 낸다.
⑦ 처음부터 끝까지 당당한 태도로 임한다.
⑧ 소개할 때는 정중하게 인사를 한다.
⑨ 자신을 지나치게 너무 낮추어 말하는 것은 삼간다.
⑩ 특기사항, 출신지, 취미, 기타사항을 덧붙인다.

### (2) 이미지를 만드는 소개 요령

① 당당하고 바른 자세로 임한다.
② 밝은 얼굴에 미소를 머금는다.
③ 자신을 나타내는 캐치프레이즈(catch phrase)를 말한다.
④ 정중히 인사한다.
⑤ 자신의 현재 기분, 하고 있는 업무, 만남의 중요성 등을 언급한다.
⑥ 자신의 인생철학, 목표, 좌우명, 신념 등을 밝힌다.
⑦ 편안하고 친근감 있는 말투로 차근차근하게 말한다.

### (3) 효과적인 자기소개 요령

① 청중이 잘 들을 수 있도록 청량한 목소리로 간단명료하게 한다.

② 분위기에 따라 다를 수 있지만 30초에서 1분 이내가 적절하다.

③ 자세와 태도가 좋아야 하며 시선과 인상은 더욱 중요하다.

④ 첫 인상이 결정되므로 좋은 이미지를 생각해 두고 준비함이 좋다.

⑤ 3SC(Simple, Smart, Clean)이미지 전략을 쓴다.

⑥ 공식적 자리에서 너무 얌전을 빼거나 설쳐 대는 것은 좋지 않다.

⑦ 신뢰, 성실, 비전 있는 사람, 된 사람으로 보여라.

### (4) 간단한 자기소개 내용

① 성명

② 소속(학교, 직장, 직업)

③ 사는 곳(상황에 따라)

④ 가족관계(상황에 따라)

⑤ 장래희망, 목표, 신념 등

⑥ 취미(동호회 모임) 또는 연락처

⑦ 단체, 모임 또는 만남의 발전적 메시지

### (5) 손가락 자기소개

① 엄지: 자신의 이름을 얘기한다.

② 검지: 자신이 사는 집을 얘기한다.

③ 중지: 자신의 직업을 얘기한다.

④ 약지: 어떻게 이곳을 알게 되고 또는 어떻게 오게 되었는지 그 동기에 대하여 얘기한다.

⑤ 소지: 앞으로 다짐이나 바람을 얘기한다.

**Tip 발표불안증**

사회적 상황에서 긴장되거나 불안해지는 경향을 사회적 불안이라고 한다. 대부분의 사람들은 다른 사람들 앞에 나설 때 실수하지 않을까, 다른 사람들에게 어떻게 비춰질까, 다른 사람들로부터 부정적인 평가를 받지는 않을까 하는 불안을 느끼며, 사회적 불안 중에서도 흔히 발표불안이 가장 많이 나타나고 있다. 이러한 발표불안은 절대 병이 아니며, 유명 방송인인 오프라 윈프리(Oprah Winfrey)나 래리 킹(Larry King), 유재석, 강호동 그리고 이은미, 이승철과 같은 가수들도 무대에 설 때마나 긴장된다고 한다. 또한 발표불안은 잘못된 것이 아니라 자연스러운 반응이고, 발표불안의 원인을 알고 고쳐 나가기 위해서는 무엇보다 미리 준비하고 경험을 쌓으면서 연습한다면 자연스럽게 해결될 수 있다.

- **발표불안의 주된 요인은?**

① 다른 사람들이 나를 어떻게 생각할까?

② 완벽주의적 사고방식

③ 준비와 연습 부족

④ 경험 부족

⑤ 전문지식 부족

⑥ 예기치 않은 상황 변화

⑦ 특수한 평가 상황

⑧ 열등감과 자신감 부족

⑨ 과거 스피치 실패로 창피한 경험

⑩ 민감하고 예민한 성격

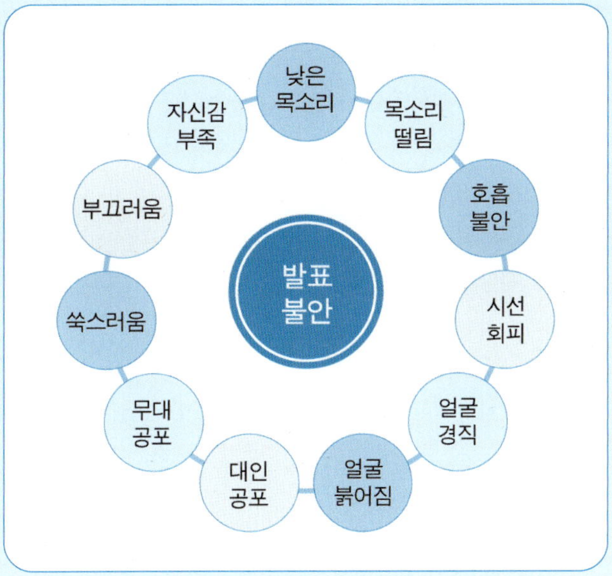

### Tip 상황적 발표불안

여러 사람 앞에서 스피치(연설/발표/프레젠테이션) 할 때 불안과 불편함을 느낀다. 친구들과 대화할 때나 모임이나 회식을 할 때는 긴장하거나 불안해하지 않는데 사람들 앞에서 스피치를 하려고 할 때는 불안감을 느끼는 것을 말한다.
즉, 상황적 발표불안은 커뮤니케이션 상황 중에서도 특수한 상황인 대중스피치에서만 불안과 불편함을 느끼게 되는 것이 특징이다.

■ **발표불안(Speech of public speaking anxiety)이 생기는 상황**

- 발표하는 주제와 상황이 얼마나 중요한가?
- 발표하는 장소가 어디이고, 규모가 어떻게 되는가?
- 발표하는 대상이 누구이며 인원은 얼마나 되는가?
- 발표준비나 연습이 부족할 때
- 잘해야 한다는 강박관념이 클 때
- '혹시' 발표를 잘못하면 어떻게 하나 하는 두려움(걱정)이 클 때
- 발표가 처음이거나 이전에 실수한 경험이 있을 때

활동지

## 자기소개 하기

- 1단계

- 2단계

- 3단계

- 4단계

손가락(핑거) 자기소개 스피치

## 발표불안증 진단

| | 항목 | Yes | No |
|---|---|---|---|
| 1 | 발표에 대해 생각하는 것만으로도 긴장된다. | | |
| 2 | 발표 전날에는 꼭 잠을 설친다. | | |
| 3 | 발표 전날에 "발표를 하고 싶지 않다" 혹은<br>"발표를 하지 않으면 안 될까" 하고 종종 생각한다. | | |
| 4 | 손에 땀이 난다거나 심장이 두근거린다거나,<br>얼굴이 빨개지는 등의 신체적 반응을 보인기도 한다. | | |
| 5 | 입이 바짝바짝 마른다. | | |
| 6 | 호흡이 가빠지거나 불안하다. | | |
| 7 | 목소리가 떨린다. | | |
| 8 | 온몸이 경직되거나 아무 생각도 나지 않는다. | | |
| 9 | 발음이 제대로 되지 않는다. | | |
| 10 | 말하는 속도가 빨라진다. | | |
| 11 | 어지럼증이나 현기증이 난다. | | |
| 12 | 무슨 말을 하고 있었는지 종종 잊어버린다. | | |
| 13 | 방금 한 말을 기억하지 못한다. | | |
| 14 | 모두가 나를 응시하고 있는 것 같다. | | |
| 15 | 준비가 부족하다는 느낌이 드는 경우가 많다. | | |
| 16 | 자신이 긴장하고 있다고 느낀다. | | |
| 17 | 자신이 긴장하고 있다는 것을 다른 사람도 느끼는 것 같다. | | |
| 18 | 자신이 긴장하고 있다는 것을 청중이 아는 것 같다. | | |
| 19 | 내가 바보가 된 듯한 생각이 들 때가 있다. | | |
| 20 | 발표/연설을 하느니 차라리 죽는 게 낫다고 생각한 적이 있다. | | |

**▶Yes의 개수 No의 개수◀**

**■ 결과**

사람들(무대) 앞에 서야 하는 연설자(발표자)는 대인 앞에 서는 것에 두려움을 가져서는 좋은 연설자가 되는 데 어려움이 있다. 되도록 많은 사람들 앞에 서 보며 공포를 극복할 수 있는 자신감을 가지도록 애써야 한다.

Yes의 개수가

◆ 대담함(5개 미만)

당신은 발표를 하는 데 있어 자신감이 넘칩니다.

발표를 시작하고 나서 잠깐 동안은 긴장할 수도 있지만, 효과적으로 발표하는 기술을 알고 있습니다.

◆ 불안함(11개 미만)

당신은 발표를 하는 동안 내내 긴장하고 있습니다. 하지만 당신은 자신이 강조하고자 하는 점을 잘 전달할 수 있는 능력이 있습니다. 꾸준한 연습과 훈련을 통해 자신감을 키우시면 됩니다.

◆ 패닉(12개~20개)

당신은 사람들 앞에 나서는 것을 너무나 두려워합니다. 당신은 되도록 대중 앞에서 말을 하는 상황을 피하려고만 합니다. 자신의 두려워하는 마음을 직시하십시오. 발표불안을 극복하기 위해 꾸준히 노력하십시오.

**Tip 버트람-콕스(Bertram-Cox)의 발표불안 극복 체조**

- 심호흡을 천천히 여러 차례 반복한다.
- 혀와 턱을 풀어 준다.
- 바른 자세를 유지한다.
- 손과 손목의 힘을 빼고 풀어 준다.
- 어깨와 등을 똑바로 하고 앉은 다음 배를 당긴다.
- 머리와 목에 힘을 빼고, 천천히 좌우로, 그리고 아래위로 돌린다.

### 3) 자기소개 이미지어

이미지어(語)란? 자기를 소개할 때에 자신의 이름 앞에 붙이는 짧은 문장이나 어구로 자신의 장점이나 성격, 신념, 희망, 비선 등을 나타내는 수식어, 즉 캐치프레이즈(catch phrase/catch word)를 말한다.

강연이나 연회, 일반모임, 비즈니스에서 사람들을 만나 자신을 소개할 때 우리는 다양한 방법으로 자신을 표현한다. 첫 만남에서 짧은 시간 안에 청중이나 대화의 상대에게 자신을 부각시켜 좋은 이미지를 남기고 오랫동안 기억하는 방법으로써 유명 강사들이나 대중 연설가들이 종종 사용하는 것을 볼 수 있다.

이미지어는 일종의 자기PR이다. 그러므로 그 내용이 부정적이거나 회의적 또는 지나치게 저속한 표현은 좋지 않다. 짧은 한마디가 자신과 상대에게 인생에 변화를 가져다줄 발전적이고 창의적인 이미지어를 만들어 보자.

### (1) 이미지어 만들기(이미지어 만드는 요령)

① 자신의 부족한 점을 채우는 말

② 자신의 꿈을 제시하는 말

③ 자신의 장점을 부각하는 말

④ 성공한 사람들의 이미지를 따온 말

⑤ 자신이 존경하는 인물의 이미지를 담은 말

⑥ 희망지수, 열정지수, 성공지수가 높은 말

⑦ 사회적 이슈나 공감대를 형성할 수 있는 말

⑧ 이름을 삼행시로 지은 말

⑨ 기억하기 쉽도록 문장을 짧게 한다.

### (2) 이미지어 예문

① 행복 전도사 전도현

② 따뜻한 카리스마 이민아

③ 행운을 제조하는 남자 황준호

④ 부드러운 사나이 이주호

⑤ 가슴이 따뜻한 사람 오주현

⑥ 알면 알수록 정이 가는 사람 김송조

⑦ 만남을 소중하게 생각하는 이효우

⑧ 산소 같은 여자 이영애

⑨ 따뜻한 감성의 소유자 소유진

⑩ 여성의 지성과 현모의 대명사 신민희

⑪ 양팔에 희망이 철철 넘치는 양희철

⑫ 황금빛 남녘을 수수히 걸어가는 장동건

⑬ 정말 은은한 향기를 주는 여인 정은주

⑭ 미소가 예쁜 자연미인 송혜교

⑮ 오드리 헵번의 나눔을 소중하게 여기는 김나눔

⑯ 항상 밝고 씩씩한 김지원

⑰ 행복과 행운을 드리는 얼굴 김지윤

⑱ 항상 다채로운 지식을 전달하는 박소연

⑲ 거성 박명수

⑳ 천하장사 강호동

활동지

## 나만의 이미지어 만들기

(1) 안녕하십니까? 만날수록 좋아지는 사람 (            )입니다.

(2) 반갑습니다. 이 시대 최고의 희망 바이러스 (            )입니다.

(3) 처음 뵙겠습니다. 미소천사 (            )입니다.

(4) 안녕하세요. 목소리로 행복을 전하는 (            )입니다.

(5) 여러분. 최고의 연설가가 되고 싶은 (            )입니다.

(6) 여러분. 반갑습니다. 행복을 창조하는 (            )입니다.

## 4) 말하기 기초훈련

발음훈련은 발성기관을 훈련시켜 규정에 따라 정확하게 단어를 말하게 하는 훈련을 말한다. 청중에게 전달된 소리가 짜임새가 돋보이며 설득력 있는 표현으로서 구성된 스피치는 만인의 심금을 울리고, 또 만인을 움직이는 힘을 지니고 있으나 아무리 좋은 내용의 스피치를 멋진 제스처로 행한다 하더라도 청중들이 연사의 스피치를 분명히 알아들을 수가 없다면 문제가 된다. 또한 좋은 음성, 그리고 적당한 억양으로 소리의 강약을 조절하며 말을 해도 연사의 발음이 불분명하고 어휘를 잘못 발음한다면 극단적으로 스피치의 방향이 엉뚱하게 해석될 여지도 있는 것이다. 올바르게 발음하는 것은 의사소통의 기본임에도 불구하고 유감스럽게 잘 지켜지지 않는다. 더욱 큰 문제는 부정확한 발음을 대수롭지 않게 여기는 데 있다. 잘못된 발음은 원활한 의사소통에도 문제를 만들지만 연사의 공신력에도 부정적인 영향을 미칠 수 있다. 왜냐하면 말은 그 사람의 인간성과 인격 및 교양을 드러내기 때문이다. 따라서 올바른 발음을 하여 품위 있는 언어생활을 해 나가는 것이 필요하다 하겠다.

### (1) 불분명한 발음의 원인

- 편안하게 대충 발음하려는 발음 습관
- 정확한 발음법을 모름
- 너무 빠른 말의 속도
- 조음기관의 이상
- 모국어의 영향(외국인인 경우)

### (2) 발음훈련의 원칙

- 한 음절 한 음절 적극적으로 또박또박 발음하는 습관을 키운다.
- 발음이 어려운 단어일수록 천천히 또박또박 발음한다.
- 평소에 어려운 발음 연습을 해 본다.
- 낭독훈련을 열심히 한다.
- 표준발음법을 익힌다.

### (3) 정확한 발음요령

- 입술, 혀, 턱을 원활히 움직인다.
- 말의 시작은 부드럽게 끝은 분명하게 발음한다.
- 어려운 발음이나 중요한 부분은 천천히 발음한다.
- 파열음은 부드럽게 발음한다.
- 복모음은 정확하게 발음한다.(와, 워, 외, 위)
- 장 · 단음을 잘 살려 표현한다.
- 적절한 곳을 띄어 말한다.

활동지

## 발음연습(모음 발음하기)

**아** 입술에 힘을 주지 않고 앞니가 보일 정도로 입을 벌립니다. 혀끝을 아랫니 안쪽에 약간 닿을 정도로 편편하게 합니다. 그리고 숨을 내쉴 때에 '아–' 하고 길게 발음합니다.

**어** '아'를 발음할 때보다 윗입술을 더 높이 벌리고 아랫입술을 약간 벌립니다. 혀끝은 아랫니 안쪽 깊숙이 아래로 동그랗게 오므려 붙이는 것처럼 하고 힘은 주지 않습니다. 목구멍을 높게 벌린다는 느낌으로 숨을 내쉴 때에 '어–' 하고 길게 발음합니다.

**오** 윗입술과 아랫입술을 동그랗게 내밀어 작은 원 모양을 만듭니다. 혀는 조금 잡아당겨 약간 아래로 내려서 '오–' 하고 발음합니다.

**우** '오'를 발음할 때보다 입술을 앞으로 내밀어 작은 원을 만들고 힘은 주지 않습니다. 아랫니와 윗니의 사이를 좁게 하고 혀는 약간 오므려서 아래로 약간 내리고 '우–' 하고 발음합니다.

**으** 윗입술과 아랫입술 사이의 간격을 조금만 띄워 벌리고 그 간격만큼 이를 벌립니다. 혀끝은 아랫니 안쪽에 약간 닿게 하여 '으–' 하고 발음합니다.

**이** '으'를 발음할 때처럼 입술과 이를 벌리고, 입꼬리를 옆으로 조금 더 잡아당깁니다. 혀끝은 아랫니 안쪽에 붙이고 '이–' 하고 발음합니다.

**에** '이'를 발음할 때보다 입을 조금 더 크게 벌린다는 기분으로 발음합니다. 혀끝은 아랫니 안쪽에 대고, 혀의 양옆은 윗 어금니의 일부분에 살짝 댑니다.

**애** '이'를 발음할 때보다 입술과 이를 위아래로 더 크게 벌립니다. 혀끝은 아랫니 안쪽에 넓게 붙여서 '애–' 하고 발음합니다.

## ■ 나의 말하기 실력은?

| | | 내용 | 1 | 2 | 3 | 4 | 5 |
|---|---|---|---|---|---|---|---|
| 자기통제 | 1 | 나는 갑작스런 상황(기억이 안 나거나 틀렸을 때 등)에서도 순발력 있게 다른 이야기를 할 수 있다. | | | | | |
| | 2 | 나는 상황에 맞게 이야기할 수 있다.<br>(예: 사람들이 내용에 집중하지 못할 때 분위기를 재미있게 바꾸거나 다른 내용으로 바꾸어 말할 수 있다. | | | | | |
| | 3 | 나는 사람들 앞에서 떨지 않고 자연스럽게 말할 수 있다. | | | | | |
| | 4 | 나는 말을 할 때, 사람들을 보면서 말한다. | | | | | |
| | 5 | 나는 말을 할 때, 사람들의 반응을 살펴 가면서 말한다. (또는 반응을 민감하게 파악할 수 있다.) | | | | | |
| | 6 | 나는 전달할 내용을 잘 기억한다. | | | | | |
| | 7 | 나는 전달할 내용을 (사전에) 메모하고 기록한다. | | | | | |
| 문제지식 | 8 | 나는 전달할 내용에 관한 자료를 충분히 조사한다. | | | | | |
| | 9 | 나는 상황에 맞게 높임말을 사용할 수 있다. | | | | | |
| | 10 | 나는 전달할 내용에서 중요한 내용을 (요약해서) 정리할 수 있다. | | | | | |
| | 11 | 나는 말할 때 이미 알고 있는 정보(지식)나 이전의 경험을 활용하여 말한다. | | | | | |
| 전략지식 | 12 | 나는 여러 가지 방법으로 말하기 능력을 향상시키기 위해 노력한다. | | | | | |
| | 13 | 나는 말을 잘할 수 있는 방법을 찾기 위해 노력한다. | | | | | |
| | 14 | 나는 시간을 내어 말하기 연습을 한다. | | | | | |
| | 15 | 나는 말을 잘하고자 하는 뚜렷한 목표가 있다. | | | | | |
| 자기점검 | 16 | 나는 말하기(스피치)가 계획대로 진행되고 있는지 파악한다. | | | | | |
| | 17 | 나는 내용을 논리적으로 말하고 있는지 점검(생각)한다. | | | | | |
| | 18 | 나는 '잘할 수 있다'는 긍정적인 생각을 갖고 말한다. | | | | | |
| | 19 | 나는 말할 때 마음을 가다듬고 (말하는 상황에) 집중한다. | | | | | |

▶ 5점: 항상 그렇다, 4점: 대체로 그렇다, 3점: 보통이다,
2점: 대체로 그렇지 않다, 1점: 전혀 그렇지 않다.◀

■ **해석**

말하기를 잘하는 것은 스피치의 기본이 된다. 말을 잘 못하는 연설자는 사람들 앞에 서는 일이 줄어들게 된다. 어떻게 하면 말을 잘할 수 있을까? 이 훈련을 통해 좋은 연설자가 될 기본 자질을 갖춘다.

▶ 80점 이상: 어떠한 상황에서도 완벽하게 말할 수 있으며, 청중의 마음과 눈길을 끌어 말하기 목적을 100% 달성할 수 있는 수준입니다.

▶ 70 ~ 79점: 어떠한 상황에서도 안정적으로 말할 수 있습니다. 당황하지 않고 재치를 발휘해 적절하게 말할 수 있는 수준입니다.

▶ 60 ~ 69점: 철저하게 준비하면 아나운서처럼 말할 수 있습니다. 예측하지 못한 상황에서 당황하기는 하지만 대체로 잘 넘어갈 수 있는 수준입니다.

▶ 50 ~ 59점: 말하기 전에 준비하는 시간이 많이 걸립니다. 예상하지 못한 상황에서 당황하며 준비된 원고를 보며 읽는 수준입니다.

▶ 40 ~ 49점: 말할 때 원고를 보며 읽는 수준입니다. 예상하지 못한 상황에서 자연스럽게 말을 이어 갈 수 없으며 체계적인 훈련이 필요합니다.

▶ 39점 이하: 말하는 것 자체를 꺼리며 사람들 앞에 서는 것을 두려워하는 수준입니다. 말하기를 하고자 하는 의지가 부족하기 때문에 체계적인 말하기 훈련이 필요합니다.

## 5) 말의 감정

사람에게 있어 감정의 표현은 실로 다양하다. 슬픔과 기쁨, 아픔과 절망, 명쾌와 발랄, 분노와 비통, 애원과 절규, 암담과 처절, 가련함과 참담, 희망과 확신, 감탄과 환희 등 말은 감정의 전달이라 해도 틀리지 않는다. 우리는 흔히 같은 말을 해도 어떤 사람은 이야기가 재미있고 이해가 잘되는 반면 어떤 사람은 이야기가 밋밋하여 분위기가 썰렁함을 느낀다. 이것은 말의 감정을 제대로 표현하지 못한 까닭이다. 그러므로 다양한 감정 표현을 적절히 잘 살려 스피치를 한다면 한층 더 살아 있는 수준 높은 스피치가 될 것이다.

### (1) 다양한 감정 표현

- 기쁨: 우와 드디어 해냈습니다. 오늘은 너무너무 기쁜 날입니다.
- 슬픔: 어떻게 이런 일이 있단 말입니까? 흑흑
- 걱정: 후유, 무사히 잘되어야 할 텐데 정말 걱정입니다.
- 탄식: 아이고, 오늘도 1분을 못 넘겼습니다. 정말 어찌해야 할지?
- 시인: 바로 보셨습니다. 그 말이 맞습니다.
- 명령: 조용해 주세요 모두들 자리에 앉아 주세요.
- 포기: 할 수 없지요 뭐. 그만두고 잠이나 잡시다.
- 협박: 반드시 크게 후회할 일 있을 것입니다.
- 멸시: 흥, 돼지 목에 진주 목걸이를 걸어 봤자 소용없지요.
- 비방: 역시 걸레는 빨아도 걸레입니다.
- 칭찬: 우와 정말 잘했습니다. 정말 훌륭해요.
- 미움: 내 눈앞에서 사라져요. 꼴도 보기 싫습니다.

- 신음: 으으으으 아이고 나 죽겠습니다.
- 위엄: 경들은 들으시오. 과인의 뜻을 즉각 시행하시오.
- 노여움: 떨린다고 발표를 피해요? 그게 말이나 됩니까?
- 놀람: 아니, 어떻게 이럴 수가 있지요?
- 두려움: 전 안 할 겁니다. 정말 못하겠어요.
- 부정: 절대 그럴 리가 없습니다. 그렇다면 내 손에 장을 지집니다.
- 욕심: 아무도 손대지 마세요. 그건 내 것이에요.
- 놀림: 어쭈, 굼벵이도 구르는 재주가 있다고...
- 가소로움: 흥, 호박에 줄 긋는다고 수박 되겠습니까?
- 불평: 제기랄, 죽어라 일 해 봤자 요 모양 요 꼴이니.
- 가엾음: 쯧쯧, 며칠 째 한 끼니도 못 먹었대요.
- 반김: 야아, 이게 누구십니까? 콩지 씨 아닙니까?
- 아양: 아이잉, 자기 정말 화났어?
- 사랑: 자기야, 난 자기와 함께 있는 것만으로도 좋아. 사랑해.

활동지

## 변화 있는 감정 표현으로 낭독하기: 전쟁과 사랑

(행복과 사랑의 감정으로)

전 그 사람을 정말 사랑했습니다.

(분노의 감정으로)

그런데, 그런데 그놈의 전쟁이, 그놈의 전쟁이

(슬픔의 감정으로)

나의 모든 것이었던 나의 사랑 그 사람도

(놀람)

아니 그런데 이럴 수가 !

(기쁨과 설렘)

저는 오늘 이 자리에서 그 사람을 만나기로 했습니다.

## 6) 표정

얼굴의 표정은 연사의 감정 상태와 태도를 나타내는 매우 중요한 요소이다. 얼굴이 굳어 있는 표정은 자신이 매우 긴장하고 있다는 것이고, 얼굴이 붉어져 있으면 불안에 떨고 있으며, 그리고 찡그린 얼굴은 불편하거나 초조함을 반영한다. 긴장, 불안, 초조함이 고객에게 노출되어짐이 좋을 것은 하나도 없다. 그러므로 말할 때에는 표정관리를 특히 신경을 써야 한다.

미 켈리포니아 대학 심리학 교수인 앨버트 메라비언의 메라비언 차트에 의하면 커뮤니케이션 상황에서 얼굴의 표정이나 제스처가 기여하는 정도를, 우리가 사용하는 말(언어적 요소) 7%, 말하는 태도, 어조, 어투(청각적, 음성적 요소) 38%인 데 비해 얼굴 표정이나 바디랭귀지(시각적 요소)가 55%라고 했다.

말하는 이는 말할 때 말하는 내용이나 정황에 일치하는 얼굴 표정을 지어야 한다. 즐거운 내용은 즐거운 표정을, 진지한 이야기를 할 때는 진지한 표정을 지어야 한다. 그러나 화가 난 표정이나 지나치게 흥분된 표정을 피하는 것이 좋다. 이러한 표정들은 연사가 자신의 감정을 적절히 통제할 수 없다는 사실을 반영하기 때문에 공신력에 영향을 미친다. 또한 말을 하다가 실수를 했다고 해서 쑥스런 표정이나 머쓱한 표정을 짓는 것은 좋지 않다. 실수를 하더라도 예사스런 표정으로 지나쳐야만 그 실수가 필요 이상으로 확대 해석되지 않는다.

### (1) 원활한 표정을 위한 안면 근육체조

- 눈썹을 치켜올렸다가 내리기
- 눈에 힘줘 꼭 감았다가 뜨기
- 입술을 입안으로 말아 넣었다가 원위치
- 입안에 공기를 부풀려 볼을 팽창시키기
- 입을 '아' 입 모양으로 크게 벌렸다가 닫기
- 입을 '이' 입 모양으로 옆으로 늘리기
- 입술을 '우' 입 모양으로 앞으로 쭉 내밀기
- 혀로 아래위 잇몸을 둥글게 훑기
- 턱을 올리며 목 근육을 팽창시키기
- 환하게 미소 짓기

활동지

## 표정훈련

아래 각 문장을 낭독하고 그에 따른 표정을 지어 본다.

① ( 무표정한 ) 저의 표정은 이렇습니다.

② ( 자신이 있을 때 ) 저의 표정은 이렇습니다.

③ ( 졸릴 때 ) 저의 표정은 이렇습니다.

④ ( 의문스러울 때 ) 저의 표정은 이렇습니다.

⑤ ( 놀랐을 때 ) 저의 표정은 이렇습니다.

⑥ ( 슬플 때 ) 저의 표정은 이렇습니다.

⑦ ( 화났을 때 ) 저의 표정은 이렇습니다.

⑧ ( 고민할 때 ) 저의 표정은 이렇습니다.

⑨ ( 행복할 때 ) 저의 표정은 이렇습니다.

## 7) 제스처

제스처(Gesture) 없이는 말을 제대로 할 수 없고 말하는 사람은 누구나 제스처의 중요성을 안다. "몸도 입만큼이나 말을 한다."는 스피치의 격언이 있듯이 제스처란 스피치의 본질은 아니지만 말의 효과를 지배하는 결정적 요인이 됨으로 우리는 효과적이 제스처에 대한 이해와 연구를 해야 한다. 때로 제스처에 대해 지나치게 많은 신경을 쓰다 보면 과장되거나 어색한 동작이 나오게 된다. 제스처는 다른 몸짓 언어와 마찬가지로 자연스러움을 그 생명으로 여긴다. 제스처가 말과 동떨어져 따로 놀거나, 말과 분리된 별개의 동작처럼 되어서는 안된다. 제스처가 자연스러워지려면 손이 무의식적으로 움직여야 한다. 그러기 위해서는 기본 자세를 취할 때 손을 자유로이 풀어 놓아야 한다. 깍지를 끼거나 탁자를 누르거나 호주머니에 넣어 두어서는 손이 자유로울 수가 없다. 제스처는 비언어적 의사소통 중의 하나로, 손이나 얼굴, 몸을 이용해서 전달하는 언어적 의사소통이다.

### (1) 제스처 기법

- 제스처는 팔 전체로 하라.
- 크고 분명하게 하라.
- 제스처는 언제나 완성시켜라.
- 제스처의 크기와 빈도는 상황에 따라 달라져야 한다.
- 말과 타이밍을 맞추어라.
- 내용의 흐름에 맞추어 변화를 추구하라.
- 손과 팔을 다양한 각도로 움직여라.

### (2) 제스처 기본동작(한 손 사용일 경우)

- 결심과 맹세, 의지를 표현할 때(주먹쥐기, 손바닥)
- 궐기와 감탄을 표현할 때(주먹쥐기, 손바닥)
- 순서, 수를 셀 때(손가락)
- 지적하거나 방향을 가리킬 때(손 전체, 안쪽 손바닥)
- 부정과 확실하지 않음을 나타낼 때(손바닥)
- 통탄과 분노를 표현할 때(주먹, 손바닥)
- 요구사항과 양보를 나타낼 때(손바닥)
- 절규, 원망, 안타까움(주먹, 가슴)
- 기쁨, 행복함을 표현할 때(손바닥, 가슴)
- 최고, 일류 정상, 우승, 으뜸 등을 표현할 때(엄지손가락)
- 승리를 표현할 때(손가락 V자)
- 중단을 표현할 때(손바닥)

### (3) 기본동작(두 손 사용일 경우)

- 단결과 합심, 약속, 요구 등을 표현할 때(두 주먹 마주 잡음)
- 반대, 거부 또는 항거 등을 표현할 때(손바닥)
- 궐기와 주장과 공개, 감탄 등을 표현할 때(주먹)
- 서로 비교, 대결하는 내용을 표현할 때(주먹)
- 양을 표시할 때(손바닥)
- 분쇄와 강한 통탄 등을 표현할 때(손바닥, 주먹)
- 부탁과 호소를 표현할 때(손바닥 가슴중심 15도)

- 진압과 강압 등을 표현할 때(손바닥)
- 모양을 표현할 때(손 전체, 손바닥 안쪽)
- 환영을 표현할 때(손바닥)

### 8) 목소리

소리는 폐에서 만들어진 공기가 성대를 거쳐 후두를 통과하면서 진동하고 인두, 구강, 비강을 통과할 때 공명이 일어나면서 확대되고 변형이 된다. 결국 공명된 소리는 혀, 입술, 이, 입천장의 움직임에 따라 일정한 모음과 자음이 되고 이렇게 만들어진 소리들은 서로 결합해서 낱말과 문장이 된다.

말하기는 소리를 통한 커뮤니케이션의 한 형태이므로 말하기의 실행에 있어 가장 기초가 되는 것은 목소리이다. 따라서 좋은 목소리가 스피치를 효과적으로 나타낼 수 있다. 좋은 목소리를 가졌다는 것은 분명 큰 재산이지만 좋은 목소리가 타고난 미성의 목소리라는 것과는 다르다. 타고난 목소리와 상관없이 스피치에 적절한 목소리가 있는 것이다.

말하기에 좋은 목소리는 자신의 생각을 효과적으로 전달함으로써 사람들에게 특정한 영향력을 행사하기 위한 스피치의 기본목적을 달성시켜 주는 목소리이다. 자신의 생각을 잘 전달하려면 우선 목소리와 발음이 분명하여야 한다. 또한 목소리는 단순히 자신의 생각만을 전달하는 것이 아니라 자신에 대한 여러 가지 정보를 동시에 제공한다. 말하는 이가 확신에 차 있는지 자신의 감정상태가 어떠한지 목소리를 통해서 드러나는 것이다. 따라서 사람들에게 의도한 바의 영향력을 얻기 위해서는 자신이 확신에 차고 굳건하며 안정된 울림 있는 목소리를 보여 주어야 좋은 목소리라 하겠다.

### (1) 좋은 목소리

- 선천적으로 타고난 목소리가 제일 좋은 소리이다.
- 건강한 목소리가 좋다.
- 톤(음조)이 낮으면서 떨림이 없는 소리가 좋다.
- 자신 있고 당당하고 씩씩하게 내는 소리가 좋다.
- 희로애락 등 감정을 표현할 수 있는 여러 가지 음색을 갖추면 더 좋다.
- 뱃심 운동방법으로 목소리의 강·약을 조절 할 수 있다.

### (2) 목소리 올바로 쓰는 법

- 천천히 말한다.
- 턱을 들지 않고 말한다.
- 자신에게 맞는 음도(음의 높낮이)로 말한다.
- 속삭이는 목소리가 더 위험하다.
- 목을 차게 하거나 건조하게 하지 않는다.
- 매일 아침 후두 마사지를 해 준다.
- 충분한 잠과 휴식을 취한다.
- 가능한 입을 크게 벌리고 말한다.
- 시끄러운 곳에서 무리하게 소리치지 않는다.
- 너무 긴 시간 동안 이야기하지 않는다.

활동지

## 목소리 찾기 연습

목소리가 쉽게 잠긴다: 조금만 이야기를 해도 목소리가 잠기고 갈라져 고민이라면, 목소리를 낼 때 목이나 얼굴, 입 등에 지나치게 힘을 주고 있지는 않은지 확인해 보자. 목소리는 발음기관들이 부드럽게 서로 융화하여 내보내야 매끄럽고 듣기에 좋은데, 어느 한 부분에 필요 이상의 힘이 들어가 있다면 절대 아름다운 소리가 나올 수 없다.

### ■ 이렇게 해 보자! 목과 입 주변의 힘 빼기 훈련

ㄱ. 온몸의 긴장을 풀고 거울 앞에 서서 목을 상하좌우로 흔들어 긴장을 풀어 준다.
ㄴ. 성대 주위의 근육을 부드럽게 쓰다듬어 마사지한다.
ㄷ. 입을 크게 벌리고 숨을 마셨다가 '하아~' 하고 내쉬어 본다.
ㄹ. 목구멍을 크게 열고 좌우의 아치를 넓혀 공명공간을 넓힌다.
ㅁ. '아~~~~~, 아~~~~~~, 아~~~~~~' 발성을 한다.
ㅂ. 이 상태에서 입모양을 만들면서 '아-에-이-오-우' 발성을 한다.
ㅅ. 목과 혀, 턱의 힘을 최대한 빼고 '안-녕-하-세-요!' 하고 한 음절씩 끊어 말을 해 본다.

목소리가 웅얼거려 의사전달에 문제가 있다: 자신의 목소리가 입안에서만 웅얼거려 의사전달이 잘 안 된다는 생각이 들면 입을 크게 벌려서 말하는 습관을 길러야 한다. 입술을 벌린 듯 만 듯 달싹이기만 하면 소리가 입 밖으로 빠져나오지 않고 사그라진다. 거울 앞에서 자음과 모음 소리를 내는데, 혀과 입모양의 움직임을 주의 깊게 관찰한다. 이때는 유연성을 길러 주는 혀 스트레칭이 도움이 된다.

### ■ 이렇게 해 보자! 혀 스트레칭

ㄱ. 아랫입술 위로 혀를 뾰족하게 쭉 내밀었다가 넣는다.
ㄴ. 혀를 내밀어 최대한 코에 가까이 닿게 했다가 아래턱에 가까이 닿게 한다.

ㄷ. 혀끝으로 윗니, 아랫니 앞부분을 각각 한 바퀴 좌우로 돌린다.
ㄹ. 혀끝을 윗니 안쪽에 대고 연구개 쪽으로 최대한 끌어당겼다가 쭉 펴서 2초 동안 오른쪽, 왼쪽 볼을 각각 2회씩 밀어 본다.
ㅁ. 혀를 윗니와 입술 사이에 넣고 윗니와 입술 사이에 넣고 윗입술을 당겨 내렸다가 아랫니와 입술 사이에 넣고 아랫입술을 당겨 올린다.
ㅂ. 이를 물고 입안에서 혀를 오른쪽에서 왼쪽으로 원을 그리듯이 둥글게 굴린다.

본의 아닌 콧소리로 눈총을 받는다: 콧소리가 섞인 목소리는 애교가 있게 들리기도 하지만 눈총을 받기 쉽다. 본의 아니게 콧소리가 나는 목소리는 알레르기성 비염, 구강구조, 그리고 발성습관에 의해서일 수 있다. 비염으로 인해 콧소리가 난다면 이는 목소리에 좋지 않은 영향을 미치므로 방치하지 말고 치료를 해야 한다. 발성 습관으로 생기는 콧소리는 훈련으로 개선할 수 있다.

■ **이렇게 해 보자! 발성습관으로 인한 콧소리 없애기**

ㄱ. 목에 힘을 빼고 '아~~~' 하고 소리를 내서 소리가 코로 올라가는지를 확인한다.
ㄴ. '아~~~음~~~' 하고 소리를 냈을 때 코 쪽에서 나는 음이 콧소리이다.
ㄷ. 입에다 볼펜을 가로로 물고 '아~~~~~음~~~~~' 소리를 낸다.
ㄹ. 혀를 가장 낮은 위치에 두고 '아~~~~~아~~~~~' 소리를 낸다.
ㅁ. 입, 혀, 턱에 힘을 빼고 '아–에–이–오–우'를 반복한다.
ㅂ. 볼펜을 빼고 '아–에–이–오–우'를 반복하면서 소리를 입 밖으로만 내 주는 연습을 한다.
ㅅ. 호흡이 코로 빠지지 않고 입안에서 공명할 수 있도록 훈련을 반복해야 한다.

※ 늘 목소리가 피곤하다: 평소에 전화를 받을 때 '자는 것을 깨웠니'라거나 '어디 아파'라는 말을 듣는다면 자신의 목소리가 늘 피곤하고 탁하게 들리지는 않는지 생각해 보자. 피곤하고 게으른 느낌의 목소리는 나이 들게 느껴지고 긴장감이 떨어져 비즈니스적으로 마이너스의 요인이 된다. 이때는 목소리를 최대한 입의 앞쪽에서 내는 연습이 중요하며, 치아를 움직이지 않고 입술로만 이야기하는 것도 큰 도움이 된다.

# 2. 긍정적 스트로크

스트로크란 상대의 존재나 가치를 인정하기 위해서 하는 언행이나 접촉, 자극이며, 인간의 건전한 정신 발달과 행동의 동기 부여라고 할 수 있다. 즉, 스트로크는 심리적 성장의 밑거름이 될 수 있다.

## 1) 스트로크의 종류

(1) 신체적 스트로크와 언어적(정신적) 스트로크

(2) 긍정적 스트로크와 부정적 스트로크

(3) 조건부 스트로크와 무조건 스트로크

## 2) 긍정적 스트로크

인간의 생명을 최소한 유지시키는 것에서 서로 마음을 주고받는 일체감에 이르기까지 적절한 이해와 평가, 경우에 합당한 칭찬과 승인, 마음을 주고받는 사람의 행위 등을 포괄함. 사람을 기분 좋게 만들고, 사람의 의미를 느끼게 하며 건전한 정서와 지성을 갖추게 해 줌.

### 3) 부정적 스트로크

사람의 부정성을 유발시키는 자극으로 한 인간이 지니고 있는 중대한 문제를 대단치 않은 일로 묵살해 버리거나 문제의 의미를 일부러 왜곡하는 것으로 잘못된 관심에서 유발함.

### 4) 조건부 스트로크와 무조건 스트로크

#### (1) 조건부 스트로크

특정의 행위에 대해서 하는 긍정적 또는 부정적 언어적 스트로크

#### (2) 무조건 스트로크

상대의 "존재" 자체에 대해서 발신하는 것

## 5) 스트로크의 유형과 사례

| 스트로크 | 신체적 | 언어적, 정신적 | 조건적 | 무조건적 |
|---|---|---|---|---|
| 존재인지 | 접촉에 의한 직접적 | 말에 의한 간접적 | 행위나 태도에 대해서 | 존재나 인격에 대해서 |
| 긍정적(상대가 좋게 느낀다) | 머리를 쓰다듬는다.<br>손을 잡아 준다.<br>어깨를 쳐 준다. | 칭찬하는 말을 듣는다.<br>금일봉<br>훈장, 표창 | "심부름 해 줘서 고맙다"<br>"좋은 일을 했다" | "자네 하고 같이 있는 것이 행운일세"<br>"나는 너를 좋아한다" |
| 부정적(상대가 나쁘게 느낀다) | 때린다.<br>꼬집는다.<br>걷어찬다. | 꾸중한다.<br>흘겨본다.<br>얕잡아 본다. | "공부 안 하면 안돼"<br>"또 망쳤구나" | "이혼합시다"<br>"회사를 그만두게" |

## 6) 스트로크의 질과 양

A: "반갑습니다. 어떠십니까?....."

B: "안녕!"

2 - 1 = 1

양도 부족하고 질도 나쁘다(정중하지 못하다)

※ 인간관계의 황금율: 대접받고 싶은 대로 상대를 대접하는 것이 기본원리

### 7) 경청과 스트로크

사람의 말을 적극적으로 경청하는 것도 스트로크이다. 질이 좋은 반응(스트로크)이 되돌아오지 않으면 부정적 스트로크로 느낀다.

### 8) 에누리(Discount)와 부정적 스트로크

인간의 존재를 낮게 보기도 하고 무시하기도 하는 모든 언동을 의미하는 '경시'라든가 '과소평가'라는 뜻을 지닌 교류분석 전문 용어이다. 부정적 스트로크보다도 한층 비인간적인 성격을 가지는 것이며, 긍정적 스트로크가 타인에 대한 사랑과 관심의 표현이라고 한다면 에누리는 타인에 대한 무관심과 사랑이 결핍된 표현이다.

**〈사례〉**

아내: 이 옷 어때요?

남편: 글쎄, 별론데……

사원: 이만큼 계약해 왔습니다.

상사: 겨우, 이것뿐이야?

## 9) 스트로크의 원칙

(1) 인간은 스트로크를 얻기 위해 살고 있다.

(2) 인간은 긍정적 스트로크를 필요로 한다.

긍정적 스트로크를 얻지 못하면 부정적 스트로크라도 얻으려고 한다.

(3) 스트로크는 질, 양, 타이밍이 적절해야 한다.

(4) 타인의 말을 경청하는 것도 스트로크다.

(5) 타인의 스트로크를 올바르게 받아들일 수 있어야 한다.

(6) 스트로크 교환의 좋고 나쁜 감정을 마음속에 축적(저축)한다.

**Tip 스타이너(Steiner) 박사의 스트로크 경제의 법칙**

1. 주어야 하는 스트로크가 있어도 그것을 타인에게 주어서는 안된다
2. 원하는 스트로크를 타인에게 요구해서는 안된다
3. 원하는 스트로크가 와도 받아들여서는 안된다.
4. 원하지 않는 스트로크가 왔을 때에는 그것을 거부해서는 안된다.
5. 자기 자신에게 스트로크를 주어서는 안된다.

## Tip 회사 내 부정적 스트로크 사례

1. 참 한심하다, 한심해.
2. 생긴 대로 놀고 있네.
3. 그렇게 일하려면 집에 가서 애나 봐.
4. 왜 그렇게 머리가 안 돌아가.
5. 그 따위로 하려면 회사 그만둬.

## Tip 바람직한 스트로크의 원칙

1. 긍정적 스트로크 최대화(부정적 스트로크 최소화)
2. 긍정적 무조건부 스트로크 중요(인간상호 신뢰감 형성기초)
3. 긍정적 조건부 스트로크는 적절히(구체적, 풍부하게, 타이밍 맞춰)
4 부정적 스트로크는 필요한 최소한도로 적게(특히 무조건부 스트로크 추방)
5. 부정적 스트로크는 조건부로(행동과 영향을 명확히, 감정은 솔직히)

활동지

## 스트로크 도표 만들기

| 대상 | 장점 | 스트로크 |
|---|---|---|
| 동료 | | |
| 환자 | | |

# 3. 칭찬 대화법

칭찬의 사전적 의미는 잘한다고 추어주거나 좋은 점을 들어 기림이라는 뜻이다. 칭찬은 우리가 더불어 살아감에 있어 아주 중요한 요건 중 하나이다.

커뮤니케이션은 표현이다. 즉, 상대가 원하는 것을 "내가 들어줘야지"라는 열망을 갖고 있어도 상대방이 느끼지 못한다면 아무런 소용이 없다는 것이다.

## 1) 사람의 기본 욕구

(1) 기억되고 싶다.

(2) 존경받고 싶다.

(3) 관심을 바란다.

(4) 환영받고 싶다.

(5) 기대와 요구를 수용해 주기 바란다.

(6) 중요한 사람으로 인식되고 싶어 한다.

## 2) 칭찬 요령

(1) 구체적인 사실을 칭찬하라.

모호한 칭찬은 자신이 무엇 때문에 칭찬을 받는지 알지 못하기 때문에 잘 받아들여지지 않음.

예) '자네는 괜찮은 사람이야.' 보다 '자네의 기안문은 간결하고 설득력이 있어. 특히 이런 문장에서는...' 하고 구체적으로 칭찬하는 것이 훨씬 더 상대방을 감동시킴.

(2) 지나치지 않도록 칭찬하라.

(3) 상대가 느끼지 못하는 점을 칭찬하라.

(4) 타이밍을 맞추어라.

(5) 따뜻한 말로 칭찬하라.

(6) 상대에 따라 칭찬내용이나 방법을 달리하라.

(7) 당사자 주변의 인물을 칭찬하라.

(8) 우연, 그리고 의외의 상황에서 칭찬하라.

### 3) 구체적 칭찬 사례

#### (1) 용모를 칭찬할 때

'눈이 맑아 예쁘네요.'

'분위기가 데미무어를 닮았어요.'

'요즘의 미인은 당신과 같이 건강한 사람입니다.'

'손이 예술가의 손이네요.'

#### (2) 능력이나 인격을 칭찬할 때

'김대리는 이 분야에 능력이 있으니 잘할 거야.'

'당신과 같은 노력가는 분명히 성공할 거야.'

'자네는 성실하고 끈기가 있으니 이 일은 꼭 해낼 거야.'

※ 따뜻한 마음과 눈으로 상대방에게 관심을 가져 본다면 그 사람의 장점을 바라볼 수가 있게 됨

### (3) 소지품 칭찬을 할 때

'안경테 멋지군. 아주 젊어 보이네.'

'넥타이가 양복하고 아주 잘 어울리네요.'

'블라우스가 심플하네요.'

※ 이 같이 소지품을 칭찬함으로써 상대방의 가치를 인정하고 관심을 가져 줌

### (4) 그 사람의 주변을 칭찬할 때

자존심은 자신의 능력이나 외모뿐 아니라 자신이 속한 집단이 가치 있다고 느껴질 때에 고양된다. 사람은 자기를 중심으로 자랑하고 싶은 본능이 있고 그것을 인정해 주면 기분이 좋아진다. 자신이 칭찬받지 않았음에도 흐뭇해하는 느낌을 받게 된다.

'내가 거래했던 사람 중 한 명이 자네와 같은 고등학교 출신인데 보기 드물게 신뢰감이 가고 호감이 가는 사람이야.'

'아이가 총명해서 사는 재미가 절로 넘치겠네요.'

'그 사람이 친구라니 자네 인격을 믿네.'

'그 분의 수제자라니 참으로 복 받은 일일세.'

※ 사람은 자기를 중심으로 자랑하고 싶은 본능이 있고 그것을 인정해 주면 기분이 좋아짐

### (5) 간접적으로 칭찬할 때

'김과장이 그러는데 자네 브리핑솜씨가 대단하다고 하네.'

'당신이라면 모두의 기대대로 할 수 있다고 믿어 추천했습니다.'

※ 간접적으로 좋은 것을 칭찬해 주는 것은 효과적인 방법이다.

### (6) 타이밍을 맞추어 칭찬할 것

현재 즐거운 상황이 한창 무르익어 가고 있을 때 '어제 교통사고는 끔찍했어'라고 말하면 그 분위기는 금방 썰렁해질 것이다.

말이란 시간과 장소에 따라 적절하게 표현해야 하며 장소를 염두에 둔 타이밍이라는 의미도 잊어서는 안된다. 사회생활에서나 직장에서는 여러 가지 측면을 갖기에 많은 사람 앞에서 어떤 특정인만 칭찬한다면 그렇지 않은 사람은 소외감과 차별을 느낄 수도 있다. 말은 T.P.O.를 잘 생각해서 효과적으로 표현하는 것이 중요하다.

### (7) 따뜻한 말로 칭찬하라

마음에서 우러나는 말만큼 상대방에게 기분 좋은 일을 없을 것이다. 다소 말하는 것이 어눌하다고 해도 그 사람의 성의와 진심에서 나오는 말이면 그 진심은 상대방에게 그대로 전해질 것이다.

### (8) 상대에 따라 칭찬 내용이나 방법을 달리하라

말단 사원이 상사에게 '참 똑똑하네요'라고 말하는 것을 듣고 기분 좋아하는 상사는 없다. 상대나 상황에 따라 칭찬의 내용이나 표현방식이 적절히 선택되어야 한다.

### (9) 우연, 그리고 의외의 상황에서 칭찬하라

대인관계를 원만하게 유지하는 사람들은 필요한 때에만 사람을 찾지 않는다. 평소에는 인사 한번 공손하게 하지 않던 부하 직원이 진급심사 직전에 찾아와 무엇을 부탁하거나 공치사를 했을 때 기분 좋아할 사람은 아무도 없기 때문이다.

### (10) 지나치지 않도록 칭찬 할 것

'아주 미인인데 미스코리아라도 나가야겠는 걸'

'당신은 최고의 멋쟁이에요'

※ 과한 칭찬방법은 과장된 말이 될 수가 있고 오히려 거짓말쟁이가 될 수도 있다. 무엇이든 알맞은 것이 좋다. 너무 극단적인 칭찬방법은 성실성을 결여하는 수가 있기에 사실을 솔직히 칭찬해 주는 것이 가장 자연스러우며 상대방을 기분 좋게 함.

### (11) 상대가 느끼지 못하는 점을 칭찬할 것

항상 똑같은 칭찬만을 되풀이한다면 신선미가 없어지고 싫증이 나고, 기계적인 것 같은 가벼운 느낌이 들며 마음에 와닿지도 않는다.

스피치도 독창적인 것이 바람직하지만 칭찬방법도 좀 더 신선하고 상대방이 느끼지 못하는 부분에 관하여 표현한다면 칭찬받는 쪽에서는 매우 기뻐하게 된다.

## Tip 칭찬 tip!

■ **칭찬이 가져다주는 효과**

- 친근감과 호감을 주게 됨
- 정신의 활력제, 기쁨의 촉진제가 됨
- 마음이 너그러워짐
- 힘. 용기, 긍지가 솟음
- 커다란 희열감과 만족감을 느낌
- 강한 자신감을 갖게 됨

■ **칭찬과 아첨의 차이**

- 칭찬: 진실, 이타적, 환영
- 아첨: 거짓에 가깝고 이기적이며 환영받지 못한다. 즉, 아첨이란 상대방이 스스로를 평가하는 것과 일치하는 것이다.

■ **칭찬 10계명**

- 칭찬할 일이 생겼을 때 즉시 칭찬하라
- 잘한 점을 구체적으로 칭찬하라
- 가능한 한 공개적으로 칭찬하라
- 결과보다는 과정을 칭찬하라
- 사랑하는 사람을 대하듯 칭찬하라
- 거짓 없이 진실한 마음으로 칭찬하라
- 긍정적인 눈으로 보면 칭찬할 일이 보인다
- 일이 잘 풀리지 않을 때 더욱 격려하라
- 잘못된 일이 생기면 관심을 다른 방향으로 유도하라
- 가끔씩 자기 자신을 칭찬하라

활동지

## 칭찬대화 하기

■ **연습해 보기**

1. 당신은 ~ 사람입니다.(인정)

2. 왜냐하면 ~ 때문입니다.(증거)

3. 그래서 존경합니다.(느낌)
   닮고 싶습니다.

# 4. 이메일 커뮤니케이션

현대사회에서 사용하는 이메일은 일을 하는 데 가장 많이 사용하는 커뮤니케이션 툴이자 채널이다. 이메일 커뮤니케이션 스킬이 중요한 이유는 직장생활은 1차 집단이 아닌 2차 집단들 간의 이해관계가 얽혀 일을 진행하는 사회이기 때문이다. 또한 이메일은 작성자의 커뮤니케이션 스킬을 보여 주는 자기 표현 수단이자 나와 회사를 대표하고, 업무태도를 보여 주는 커뮤니케이션 채널이다. 이메일을 읽는 사람은 이메일 하나로 작성자의 일하는 태도와 능력, 커뮤니케이션 스킬, 프로젝트와 관계된 사람들을 동시에 파악하게 된다. 그러므로, 회사에서 전송되는 이메일 한 통 한 통은 개인의 능력뿐만 아니라 회사 이미지에도 영향을 주게 되는 것이다. 즉, 업무상 보내는 이메일 하나하나가 나와 회사를 대표하는 커뮤니케이션의 채널이 된다는 것을 명심해야 할 것이다.

## 1) 이메일 커뮤니케이션의 목적

① 회사생활에서 이메일로 상호 간 커뮤니케이션을 하는 가장 큰 목적은 '업무효율성' 및 '정보 공유'를 위한 것이다.

② 업무효율성 및 정보 공유는 내가 전달하고자 하는 핵심 메시지를 타인에게 전달하고자 하는 것이다.

③ 이메일은 '읽는 사람'이 요점을 쉽게 파악할 수 있도록 '배려'하는 데에서부터 출발한다.

## 2) 업무효율성을 높이기 위한 이메일 커뮤니케이션 스킬

① 핵심내용을 짧고 간결하게 정리해서 보내야 한다.

② 상호 간 의사결정이 필요한 경우는 개요와 구체적 내용 타임라인, 컨택포인트가 명기되어야 한다.

③ 상호 간 의사결정이 필요한 경우에는 간단한 인사말로 시작 첫머리에 전체적인 개요를 1~2문장으로 정리한 후 본론에서 구체적 의사 결정 혹은 협의사항의 항목을 정리한다. 항목에는 번호를 매겨 번호 하나에 하나의 내용을 정리해 읽는 사람이 요점을 빨리 파악하게 해 주는 것이 좋다.

④ 업무효율성을 높이기 위해 구체성을 명기, 상호 간 업무 관련에 협의에 대한 타임라인(Time Line)과 상호 간 처리해야 할 일(What to do)을 명기 일의 진척사항을 예측할 수 있도록 해 주어야 한다.

⑤ 예기치 못한 상황에 대비해 바로 구두커뮤니케이션을 할 수 있는 컨택포인트를 명기해 주어야 한다. (담당자 OOO 컨택포인트 010-3322-OOOO)

⑥ 마무리 인사는 일로만 진행된 딱딱한 커뮤니케이션을 조금 부드럽게 해 줄 수 있는 멘트로 사적이지 않지만 상대에 대한 개인적 배려로 느낄 수 있는 부드러운 인사 정도의 센스면 좋다.

⑦ 메일 송부 시 사안에 따라 '과업담당자' 이외에 윗선(클라이언트–회사내부)을 누구까지 정할 것(내용의 신뢰성, 책임성 등)인가에 대한 고민도 필요하다. 가벼운 사안은 과업담당자만, 이슈거리가 있는 사안은 윗선까지 설정하는 정도면 좋다.

⑧ 보내기 전 이메일 제목은 내가 보내는 메일의 전체적인 내용을 한눈에 알 수 있는 제목이어야 한다. 하루에도 수십 개씩 쏟아지는 메일 중 상대방이 내 메일을 확인하게 하려면 제목만 봐도 알 수 있게 해야 한다. 외부로 보내는 메일의 경우 회사명을 기입하고 제목을 쓰면 읽는 사람이 보다 쉽게 파악할 수 있다.

⑩ 이메일은 읽는 상대가 회신할 수 있도록 마지막 부분에는 자신의 전자서명 기능을 활용하고, 메일 끝에 송신자의 이름, 회사명, 주소, 전화번호, 팩스번호 회사 URL을 적는다.

〈사례〉

## [Summary]

제목: [회사명] 전체를 한눈에 파악할 수 있는 제목

본문: 간단한 인사말, 이메일을 보내는 전체적인 개요 및 목적(2~3장 문장)

본론(구체적 협의 안건에 대해서는 번호 하나에 하나의 내용)

협의 사항에 대한 타임라인과 상호 간 처리해야 할 일에 대한 리마인드

컨택포인트 그리고 마무리 인사말

이메일의 전자서명 기능을 활용한 송신자 이름, 회사명, 주소, 전화번호, 팩스번호, 회사 URL

### 3) 정보공유를 위한 이메일 커뮤니케이션 스킬

① 보내는 사람과 받는 사람들이 어떤 사안에 대해 생각을 공유하기 위해 보내는 것

② 공유하고자 하는 사안에 대해 처음 보는 사람도 일의 맥락을 이해할 수 있도록 작성

③ 공유를 위한 이메일은 파일이 첨부되기 때문에 파일의 내용을 간략하게 메일 본문에 정리해서 보내는 것이 기본

④ 공유하고자 하는 내용의 기본 방향에 대해서만 언급하고 나머지 내용은 첨부 파일을 통해 이해할 수 있도록 함

### 4) 받는 사람(수신), 참조(CC), 숨은 참조(BCC) 이해하기

① 이메일을 보낼 때 받는 사람(수신)은 나와 직접 일하는 사람에게 보내는 다이렉트 라인을 의미한다.

② 받는 사람(수신인)의 배열은 직급이 높은 순에서 낮은 순으로 배열한다.

③ 참조(CC)는 일을 직접 같이하는 당사자는 아니지만 업무가 진행되는 상황을 알아야 하는 관계자들을 의미한다.

④ 숨은 참조(BCC)는 외부고객에게 너무 많은 사람들이 연관되어 있음이 알려져 부담을 줄 수 있을 경우, 혹은 그 일과 직접적으로 연관되어 있지 않지만 일의

진행과정을 알아야 하는 사람에게 전송할 때 사용한다.

⑤ 보내는 사람은 받는 사람, 참조, 숨은 참조 등의 관계 여부를 설정을 한 후 이메일을 보내야 한다.

⑥ 개인적인 용도로 친구 등에게 보내는 메일은 회사 로고가 찍힌 공식메일을 사용하지 않는 것이 좋으며, 반대로 공적인 메일을 보낼 때 개인 메일을 쓰면 신뢰가 떨어지므로 분리하여 사용한다.

⑦ 이메일은 공개된다는 것을 가정하고 작성해야 한다.

⑧ 기록으로 남는다는 걸 유념해야 한다.

⑨ 사내에서 회피하기 위한 수단으로 이메일로 보고하는 것은 자칫 불손하게 보일 수도 있다.

## Tip 이메일을 보내기 전 체크

1) 한두 가지 실수로 같은 내용의 이 메일을 여러 번 보내면 함께 일하는 사람들로 하여금 보내는 사람의 신뢰성을 떨어뜨린다. 때문에 보내기 전 수신인, 주소, 내용, 첨부파일 등이 올바르게 적혀 있는지 확인하는 습관은 꼭 필요하다. (그리고 오타체크 여부 역시 확인하는 습관은 기본이다.)

2) 이메일은 읽는 사람을 배려한 커뮤니케이션의 태도를 볼 수 있는 소통의 장이기 때문에 'RE:RE:RE!!...'를 사용하기보다는 이왕이면 제목과 본문을 읽는 사람을 위해 새롭게 정리해 보내면 읽는 사람 역시 보내는 사람의 작은 성의를 느끼게 마련이다.

3) 이모티콘, 줄임말은 사용하지 않는 것이 프로의 매너다. 회사는 1차 집단이 아닌 2차 집단이라는 점을 감안하면 절제된 바른말 사용이 본인의 이미지와 회사의 이미지를 일하는 프로 집단으로 느껴지게 한다.

4) 첨부파일은 상대방이 보기 편한 맞춤형으로 변환해서 보낼 것. 그림, 한글 파일, 워드 파일 등의 문서를 보낼 때는 상대방의 컴퓨터 용량이 얼마나 되는지 해당 프로그램이 있는지 등을 확인한다. 상대방이 첨부파일을 확인할 수 없을 경우 상대방의 불편뿐만 아니라 내가 일을 두 번 하게 되는 번거로움도 있기 때문이다.

5) 이메일을 보냈다는 것만으로 나의 일이 끝난 건 아니다. 긴급용건은 이메일을 보낸 후 반드시 전화통화나 문자메시지로 다시 한번 확인하는 센스가 필요하다. 받는 사람이 외부에 있거나 내부 용무가 많을 경우 이메일 확인이 힘들다. 때문에 긴급 용건 & 의사결정 & 협의결정이 필요한 경우의 이메일이라면 이메일 전송 후 반드시 유선으로 통화해 이메일 확인여부를 체크해야 한다. 그래야 일의 커뮤니케이션 책임 여부에 있어 할 말이 생긴다. 특히 이메일은 업무상 문제가 발생하거나 고객과의 분쟁이 발생했을 시 유력한 증거자료가 될 수 있으므로 사실관계(과업내용 변경 및 양해 사항 등)를 정확히 적시하는 것은 물론, 필요시 상대방에게 메일 수신여부 확인을 정중히 부탁하는 것도 방법이다.

## 활동지

편지 쓰는 정성과 따뜻한 마음으로 이메일 작성을 해 보자.

# 5. 나-전달법

나－전달법은 커뮤니케이션에서 다양하게 활용될 수 있고, 상대방에게 문제가 있을 때 사용하는 커뮤니케이션 기법이다. 나－전달법은 어떤 감정을 가지게 된 책임이 상대방에게 있지 않고 나에게 있다는 것을 전제로 하면서 상대방을 비난하지 않고 자신의 감정을 표현하고 전달할 수 있다. 특히, 나－전달법은 '나를 주어로 하여 상대방의 행동에 대한 나의 생각이나 감정을 표현하는 것이며, 상대방에 대한 믿음과 신뢰를 바탕으로 상대방에게 도와달라고 간청하는 말투에 가깝다고 할 수 있다. 너－전달법보다 훨씬 친근하고 상대방과 편안한 분위기를 연출하면서 대화가 더 잘 오고 갈 수 있다. 또한, 말하는 사람이 메시지에 대한 책임을 받아들이면서 하는 말이며, 상대방의 행동을 나의 가치판단 없이 있는 그대로 묘사하듯 그려 내는 것을 나－전달법이라고 한다.

## 1) 나–전달법의 활용

① 상대방에게 나를 잘 이해시킬 수 있다.

② 나를 더 잘 알릴 수 있도록 도와준다.

③ 궁극적으로는 상대방의 마음을 정직하게 개방하도록 용기를 준다.

④ 효과적인 자기표현의 실천 기법이다.

⑤ 비난하며 공격적인 자기주장으로 인한 갈등 악화를 예방해 준다.

⑥ 상대방과 나의 반응을 판단과 평가 없이 알려 줌으로써 그 반응에 대한 책임을 질 수 있도록 해 준다.

⑦ 서로의 마음을 시원하게 해 줄 뿐 아니라 상대방과의 관계도 부드러운 관계로 유지할 수 있게 된다.

### 2) 나-전달법의 종류

① 능동적인 나-전달법: 상대방을 평가하지 않고 긍정적으로 지지하는 것

예) "당신은 기획을 잘하는 군." → "당신이 낸 참신한 기획안이 나는 아주 좋았어."

② 긍정적인 나-전달법: 상대방의 행동을 막연한 평가로 칭찬하는 것이 아니라, 구체적으로 확인시키면서 나 자신의 긍정적인 마음을 전달하고 상대방의 바람직한 행동을 강화하는 것

예) "당신이 ...했을 때, 나는 참 좋았어."라고 구체적 행위에 대한 느낌을 전달한다.

③ 예방적인 나-전달법: 상대방의 예측되는 문제 행동을 수정할 수 있도록 기회를 주는 표현 방법

예) "저녁에 손님이 오실 건데, 엄마가 청소를 다한 후에 네가 친구들을 데리고 오면 화가 날지도 몰라." (주의할 점: 서로 갈등과 불편한 마음이 어느정도 사라진 다음에 표현해야 함)

### 3) 나-전달법의 유익한 점

나-전달법의 유익한 점은 상대방을 비난, 평가, 판단, 추측하지 않고 상대방의 행동에 대해서 느낀 바를 표현하기 때문에 상대방은 방어 심리가 감소하고 훨씬 편안하게 자신의 생각이나 감정을 이야기하게 된다. 또한 전달하는 과정에서 상대방에게 위협적으로 말하지 않기 때문에 상대방은 나의 이야기를 훨씬 더 잘 경청하게 되면서 신뢰감이 형성된다. 그리고 나의 입장과 감정을 진솔하고 솔직하게 전달하며 대화에 임하게 되면서 신뢰감 형성까지 높일 수 있고, 상대방에게 전후 사정과 나의 입장까지 알려 주는 전달과정이 완전한 소통의 도구라고 할 수 있다.

### 4) 나-전달법을 사용하는 적절한 시기

① 자신이 화가 났을 때는 나-전달법을 피하는 것이 효과적이다.
② 조용하나 목소리에 힘이 실린 단호한 목소리로 표현할 때 가장 효과적이다.
③ 마음을 가라앉히고 자제력을 회복하는 시간이 필요하다.
④ 사소한 것이라도 작은 칭찬을 먼저 해 주면서 논리적으로 설명을 해야 한다.
※ 주의: 자신이 화가 난 상태에서 나 메시지를 사용하면 반항심을 불러일으킬 수 있다.

### 5) 나-전달법의 구성요소

① 상황(상대방의 말과 행동): 문제를 유발하는 상대방의 행동은 무엇인가?

나-전달법 어구 (...하니 내가)

② 결과(나에게 미친 영향): 그 행동이 나에게 어떤 영향을 미치고 있는가?

나-전달법 어구 (...해서 ...하단다. 그래서 나는 네가)

③ 느낌(나의 감정 표현): 그 결과로 인해 나에게 일어나는 감정은 무엇인가?

나-전달법 어구 (... 해 주기를 원해)

**Tip 나-전달법 주의 사항**

1. 내 자신이 원하는 행동이 무엇인가에 대해서 상대방에게 정보를 알려 주되, 상대방의 성격과 존재를 지적하고 있지 않는지 주의해야 한다.
2. 너 메시지처럼 단순히 "...하다."라고 단정적으로 말하지는 않는지 스스로가 점검을 해야 한다.

**Tip 나-전달법 행동변화 실패 요인**

1. 훈시나 가르침은 상대방으로 하여금 온실 속의 화초처럼 보호받고 있다는 느낌을 갖게 만든다.
2. 무엇이 문제인지 인지하기도 전에 사실과 정보를 먼저 제공하는 경우에는 행동변화보다는 오히려 부적절한 것이 될 수 있다.
3. 상대방이 사실을 이미 알고 있는 경우에는 또 다시 들어야 하기 때문에 반감을 가질 수 있다.
4. 상대방이 감정적으로 흥분이 된 상태에 있을 때는 아무리 좋은 정보라도 받아들이고 소화해 낼 준비가 되어 있지 않아 행동 변화는 실패할 수밖에 없다.

## Tip 나-전달법 vs 너-전달법

나-전달법과 너-전달법을 비교해 보겠습니다.

| 구분 | 나-전달법 | 너-전달법 |
|---|---|---|
| 표현 | 어제 안 와서 나는 매우 걱정이 되었다. | 넌 왜 그 모양이니? |
| 보기 | 상황-결과-느낌 | 비꼬기, 지시, 교화, 비판, 평가, 경고 |
| 나의 내면 | 걱정, 섭섭함 | 걱정, 섭섭함 |
| 상대의 해석 | 나를 걱정하였구나.<br>연락을 안 해 줘서 섭섭했구나. | 나의 사정은 전혀 생각해 주지 않는구나. 나를 나쁜 사람으로 보고 있구나. |
| 개념 | "나"를 주어로 하는 진술 | "너"가 주어가 되거나 생략된 진술 |
| 효과 | - 느낌의 책임을 자신에게 돌린다.<br>- 청자에 대해 부정적인 평가를 하지 않기 때문에 방어나 부적응이 일어날 가능성이 적다.<br>- 관계를 저해하지 않는다.<br>- 청자로 하여금 자성적인 태도와 변화하려는 의지를 높일 가능성이 높다.<br>* 상대방에게 나의 입장과 감정을 전달함으로써 상호이해를 도울 수 있다.<br>* 상대방에게 개방적이고 솔직하다는 느낌을 전달하게 된다.<br>* 상대는 나의 느낌을 수용하고 자발적으로 자신의 문제를 해결하고자 하는 의도를 지니게 된다. | - 죄의식을 갖게 하거나 자존심을 상하게 한다.<br>- 배려받지 못하고 무시당한다는 생각을 갖기 쉽다.<br>- 반항심, 공격성, 방어를 야기하여 자성적인 태도가 형성되기 어렵고 행동변화를 거부하도록 한다.<br>* 상대방에게 문제가 있다고 표현함으로써 상호관계를 파괴한다.<br>* 상대방에게 일방적으로 강요, 공격, 비난하는 느낌을 전달하게 된다.<br>* 상대방은 변명하려 하거나 반감, 저항, 공격성을 보이게 된다. |

## 활동지

# 나-전달법

### 1. 나-전달법(I-Message)

나를 주어로 하여 상대방의 행동에 대한 자신의 생각이나 감정을 표현하는 대화방식.
나-전달법 표현 방법 = 상대방의 행동에 대한 비난 없는 서술+그 행동이 나에게 미치는 영향+영향에 대해서 경험하는 나의 감정

예 1) TV 앞에서 시끄럽게 뛰어다니니까(행동)
뉴스 소리가 잘 안 들려서(영향)
속상하려고 해(감정)

예 2) 여러 번 불러도 대답하지 않으면(행동)
안 들리나 싶어서 자꾸 목소리를 높여야 하고(영향)
어떤 땐 무시당하는 느낌도 들고 해서(영향)
섭섭할 때가 있어(감정)

## 2. 나-전달법 연습

연습 1) 다인실 병실에서 지나치게 개인행동을 하는 환자(스마트폰으로 큰 소리로 오랜 시간 통화하는 행동)

행동: ..........................................................................................................

영향: ..........................................................................................................

감정: ..........................................................................................................

연습 2) 약속을 자주 어기는 친구에게

행동: ..........................................................................................................

영향: ..........................................................................................................

감정: ..........................................................................................................

연습 3) 진료 대기시간이 길다고 항의하는 환자

행동: ..........................................................................................................

영향: ..........................................................................................................

감정: ..........................................................................................................

# PART 2

# 토론

## 학습목표

1. 말하기, 토론, 토의 그리고 논쟁을 이해하고 활용할 수 있다.
2. 토론의 준비과정을 이해하고 활용할 수 있다.
3. 토론의 핵심과정과 전략을 이해하고 활용할 수 있다.
4. 토론의 유형과 실제를 이해하고 활용할 수 있다.

# 1. 말하기, 토론, 토의 그리고 논쟁의 이해

## 1) 말하기에 대한 이해

21세기는 지식기반 정보화 또는 지식융합 사회다. 때문에 전문적인 지식만을 갖춘 인재를 양성하는 것도 중요하지만 전체적 연관성을 꿰뚫어 볼 수 있고 창의적 문제해결 역량, 의사소통 역량, 세계시민으로서 갖추어야 할 품성과 자질을 가진 융합인재를 양성하는 것이 중요하다. 특히 자신의 의견을 능동적이고 논리적으로 표현하는 인재가 주목받고 있다.

영국의 역사가이자 비평가인 토머스 칼라일(Thomas Carlyle)은 "웅변은 은이요, 침묵은 금이다(Speech is silver, silence is gold)"라는 말을 남겼다. 이 말의 의미는 입이 무거운 사람은 믿음이 가고 함께 일할 만하다는 것이지만 행동이 뒷받침되지 않는 침묵은 나태라는 점을 강조한다. 그러나 침묵이 나태라는 점은 인정하지만 수직사회나 닫힌 사회에서 강요된 침묵은 단적으로 폭력이다. 수평적이고 열린 사회는 인권과 정의를 위해 아닌 것은 아니라고 말할 수 있어야 하고 자신의 권리를 당당하게 찾을 수 있어야 한다.

말을 잘하는 능력은 고대로부터 인간의 필수 능력이었다. 말하기는 친밀한 관계에서 주로 이루어지는 사적 말하기와 공적으로 자신의 생각을 전달하는 공적 말하기로 나눌 수 있다. 이 둘의 유사성은 듣는 사람을 설득하며 정보를 전달하고, 즐겁게 만들어 주며 윤리적 책임이 있다는 점이다. 이 둘의 구사능력의 중요성은 크게 다를 바 없지만, 그것들의 차이를 나눌 때는 주로 논의되는 주제와 상황에 따라 전달되는 내용을 고도로 구조화하는 것과 형식적인 언어를 구사하는 것 그리고 상이한 전달 방법을 통해서 나타난다.

말하기는 우리에게 어떤 의미가 있는가? 첫째, 일상적인 측면에서 보면 말하기는 삶 그 자체다. 스스로의 생각을 말로 표현하고 다른 사람의 표현을 이해하는 것은 우리 일상 전체를 관통하는 삶의 과정이다. 인간을 사회적 동물이라고 하듯이 혼자 살 수 없다는 점은 명백하다. 사람들과 좋은 관계를 형성하고 맺으려면 말을 잘해야 한다. 말을 잘하면 좋은 관계를 이어 갈 수 있지만, 말을 잘 못한다거나 함부로 한다면 관계를 망칠 수 있다. 따라서 말하기는 삶의 중요한 수단이다. 둘째, 교육적인 측면에서 보면 말하기는 글쓰기와 마찬가지로 자기 주도 학습 효과를 위해 체계적인 교육이 필요하다. 끊임없는 질문과 대답의 교섭을 통해 교육의 효과를 극대화할 수 있다. 말하기와 쓰기는 단순히 강의를 듣는 것과 주어진 교재를 읽고 암기하는 것보다는 더 능동적이고 적극적인 것이다. 셋째, 사회적인 측면에서 보면 말하기는 자신이 원하는 것을 이루기 위한 도구다. 예를 들어, 학교나 회사에서 프레젠테이션을 통하여 자신의 생각을 설득력 있게 전달하여 좋은 성과를 얻거나 면접 때 당락을 결정하는 중요한 순간에 말을 잘해서 합격하는 경우가 허다하다. 결론적으로 말은 한 사람의 인격을 담아 표현하는 것이다. 왜냐하면 말하는 내용에 따라 어떤 사람인지 파악할 수 있고 겸손하고 정직한지 그렇지 않은지 알 수 있기 때문이다.

## 2) 토론(討論)에 대한 이해

### (1) 토론의 역사

인간이 말을 하게 되면서부터 오랜 세월 동안 의사소통 방법의 하나로 사용해 온 것이 토론이다. 사람들은 끊임없이 의사소통을 한다. 기원전 5세기 그리스 문명에서 시작된 토론은 정치, 경제, 문화, 교육, 스포츠 등 사회 모든 분야에서 중요한 의사결정 방법으로 사용돼 왔다. 공동체의 화합과 조율을 위해 의사소통은 반드시 필요하다. 특히 집단의 의사결정과 공적사안에 대한 조정과정에서는 형식과 규칙을 지닌 의사소통의 방법이 요구된다.

토론의 역사는 인류의 역사와 함께 오랜 전통을 가지고 있다. 그 기원을 아테네의 정치민회와 법정 토론으로 볼 수 있으며, 고대 그리스 시대의 토론은 정치민회나 아레오파지티카(Areopagitica)라는 법정 토론에서 의사결정을 위한 중요한 수단이었으며, 아테네 시민으로서 역할을 수행하려면 토론과 토론 평가 능력의 기본적 소양이 있어야 했다. 고대 그리스의 아테네에서 행해진 토론은 의회뿐만 아니라 아고라(Agora), 아레오파고스(Areopagos), 아카데미아(Academia), 아리스토텔레스(Aristotles)의 리체움(Lyceum), 변증법 등이 있다. 로마시대에 행해진 토론은 의회(senate), 포럼(Forum), 연단(Rostrum) 등이 있다. 고대 그리스와 로마 문명은 토론을 학문의 한 분야로 인식하여 사회 쟁점의 해결 도구와 수단으로 이용했다. 이런 이유로 소피스트들은 토론을 가르치는 학원을 설립하여 생계를 유지했다. 소피스트들은 지적이고 관념적인 주제에서부터 현실적인 정치적 주제까지, 그리고 법정 토론에서 이기는 방법까지 토론과 관련된 다양한 형태의 교육을 했던 것이다. 중세에는 12~13세기쯤 대학이 설립되면서 옥스포드 대학에서는 1~2학년 때 토론과목을 필수로 지정하였는데 아직 전통으로 남아 있다. 근대에 접어들면서 베이컨(Bacon)이 제안한 의회토론 방식(Parliamentary Debate Format)이 있고 특히 14세기 대학 간 토론대회(옥스포드와 캐임브리지 대학 간의 토론대회)는 지금까지 이어지고 있고 토론교육의 규범을 이루고 있다. 미국은 17~18세기 타운 홀 미팅형에서 발전하여, 의회의 정치토론으로 링컨(Lincoin)과 더글러스(Douglas) 간에 노예제 찬반토론인 Lincoin-Douglas Debate Format(일대일 토론 양식)과 1960년 미국 대통령 선거에서 처음 선거에서의 방송토론 등이 있다.

마찬가지로 한국도 다양한 형태의 토론이 존재했지만 서양에서 그랬던 것과 달리 토론을 학문의 한 분야로 인식하지는 않았다. 절대 왕정을 오랫동안 유지했기 때문에 토론이 민중들에게 교육의 방편으로나 정치적 도구로써 기능했다고 보기 힘들지만 한국 역사에서도 토론이 활발했다는 증거가 역사 기록 특히 『고려왕조실록』이나 『조선왕조실록』에서 찾아볼 수 있다. 예를 들어, 고려 시대의 불교 종파들 간의 논쟁이나 척화파와 강화파의 토론, 그리고 십만양병설에 대한 찬반 토론 등은 정책 토론의 표본이라 볼 수 있다. 근대 초기에 이루어진 독립협회의 토론 문화는 '토론'의 기본 정신을 살필 수 있는 좋은 사례다. 찬반 구도를 통해 적극적인 의견개진을 이루지만 토론의 주안점은 공동체의 합의와 동의에 놓여진다. 즉, 토론의 결과로서 산출된 '공론'이 상호주관적인 민주적 형식 안에서 출현하고 있는 것이다. 1990년대부터 TV토론이 시작되면서 토론 문화는 지금까지도 이어지고 있다. 대선 후보자들 간의 직접 토론회가 개최되는 것부터 TV의 각종 토론 프로그램까지 지금 우리 사회에서는 다양한 형식의 토론이 이뤄지고 있다.

### 알아 두기

**아고라(Agora)**

그리스의 수도 아테네 아크로폴리스(그리스어로 '아크로'는 '높은'을 의미하고, '폴리스'는 '도시'를 의미) 언덕 아래 아고라 광장이 있다. 원래 그리스어로 아고라의 의미는 '모이다'이다. 아고라도 고대 도시마다 있었던 '시민들의 회의 장소'였다. 이 아고라 광장에서 도시 회의는 물론 간단한 운동 시합이 있었고, 국가나 왕의 메시지가 전달되었다. 후기 그리스 시대에는 상인들의 노점이 들어서고 아고라 둘레에 고정된 상가들이 들어서서 공공 시장의 기능을 하기도 하는 시민들 삶의 중심지였다. 합리적인 문제해결을 위해 대화의 중요성을 발전시키고 민주주의의 초석을 다진 대표적인 지역으로는 단연 고대 그리스의 아테네를 꼽을 수 있다. 아테네 시민들은 아고라라는 광장에 모여 정치적, 사회적 현안에 대해 의견을 나누고, 서로에게 필요한 정보를 주고받았고 억울한 일을 당한 사람들은 이곳에서 변론을 하기도 하였으며 아고라는 정책결정의 장소로도 활용되었다. 아고라는 커뮤니케이션의 장이었으며 토론의 역사와 관련해서 빼놓을 수 없다.

**아레오파고스(Areopagos)**

아레오파고스는 아테네 아크로폴리스 아래 서북 쪽에 있다. '아레스(Ares) 신의 언덕(Areios

Pagos)'이라는 뜻이다. 이곳은 고대 그리스에서 가장 오래된 법정이었다. 아레오파고스에서는 329명의 위원들을 중심으로 공동통치의 사회를 이룩해 냈다. 여기에서 9명의 아르콘(Archon)을 뽑는데 이들이 사실상 아테네을 이끌어 가는 지도층이었다. 이들 9명의 아르콘들은 국가의 위기가 생겼을 때 서로 의견을 통합하곤 했다.

**리체움(Lyceum)**

아리스토텔레스는 리체움으로 알려진 체육관에 자신의 학교를 세웠다. 그는 상당한 도서관을 만들고 그 주위에 그들이 걸으며 토론을 진행한 회랑의 이름에서 유래했다. 리체움은 아카데미와 같은 개인 클럽이 아니었다. 많은 강의가 일반인에게 공개되었고 무료로 제공된 곳이다.

**로스트룸(Rostrum): 연단**

'연단'이라는 의미를 가진 '로스트룸'의 라틴어 어원인 'rodo'는 '쪼아 갈아 대다'라는 의미인데 여기서 유래된 말이 로스트룸이라는 말로 '새부리'라는 의미다. 새의 부리 모양을 연상하는 것이 해전에서 상대 배를 공격할 수 있도록 설치된 귀두부 같은 것이 있는데 이르러 '뱃머리'라는 의미도 갖는다. 로마 광장에 가면 안티움 전쟁 승리를 기념하기 위해 돌로 만든 기념물이 있는데, 여기에 뱃머리가 새겨져 있다. 이 광장에서 집회를 할 때 사람들이 주로 이 뱃머리가 새겨진 돌 연단 위에 서서 연설을 했는데, 나중에 '뱃머리'라는 의미를 갖던 로스트룸이 '연단'을 지칭하는 말이 된 것이다.

### (2) 토론의 어원

토론은 일정한 형식과 절차에 따라 자신의 주장을 합리적으로 전개하고 상대의 논리를 반박하며 설득하는 의사소통의 한 형태이다. 토론(討論)이라는 우리말 토의 한자어 討는 '말하다'는 뜻의 언(言)에 마디 촌(寸)을 붙인 글자이다. 寸자는 '손으로 붙잡는다' 뜻으로 토(討)는 원래 '죄인을 잡아서 말로 다스린다'는 뜻이다. '토론'도 상대방을 말로 다스리는 것이니 원래 뜻과 비슷하고, 후에 '정벌하다'는 뜻으로도 확장된다. 우리말 론의 한자어 論은 말씀 언(言)자와 조리세울 륜(侖)을 합한 글자이다. 륜(侖)은 '책 뭉치'를 나타내는 글자로, '조리를 세우다'는 뜻도 갖는다. 론(論)은 많은 책을 읽고 여러 사람의 의견을 참작하여 자기주장을 조리 있게 말한다는 데서 '논의하다' '평하다'는 뜻으로 확장된다.

토론의 영어 'debate'는 라틴어 동사 'debattuere'에서 유래한다. 'debatuere'는 'de'와 'battuere'의 낱말 가장 작은 의미 단위인 의미소로 나눌 수 있다. 여기서 접두사 'de'는 'away(분리하다)' 혹은 'down(제거하다)'의 의미이고 'battuere'는 이후 'battle(전쟁)'이라는 의미로 발전되었으며 라틴어 동사로서 그 의미는 'to beat(치다)'였다. 즉, 어원이 밝혀 주듯이 토론의 개념은 물리적 싸움인 'bate(to beat)'에서 분리된 것을 말한다.

토론의 사전적 정의를 살펴보면, 두산동아 표준국어대사전에서 토론은 '어떤 문제에 대하여 여러 사람이 각각 의견을 말하며 논의함'이라고 정의되어 있다. 또한 한국 브리태니커 백과사전에서는 토론을 '두 개인이나 집단이 어떤 문제에 대해 대립되는 견해를 뒷받침할 논리를 제시하면서 공식적으로 또는 구두로 대결하는 것'이라고 정의하고 있다. 따라서 토론은 사전적 의미에 따르면 어떤 논제에 대해 개인이나 집단이 대립되는 의견 또는 견해를 가지고 뒷받침할 논리를 바탕으로 말을 통해 서로 대결하는 것을 말한다.

토론의 어원과 개념 정의를 정리해 보면, 토론은 물리적 싸움과 구별되며, 판단을 내릴 수 있는 어떤 논제에 대해, 대립되는 견해나 의견을 가진 개인이나 집단이 다른 사람들에게 영향을 미치기 위해 신념, 태도, 가치 등을 정당화시키기 위한 의도로 논쟁을 만들면서, 상호 번갈아 가면서 말을 통해 분별력 있는 판단에 도달하는 과정이라고 정의 내릴 수 있다.

### (3) 토론의 효과와 기능

토론은 토론대상자에게 폭넓은 조사를 행하게 하고, 비판적 사고능력을 신장시키고, 의사소통기술들을 능숙하게 훈련시킨다. 토론의 기능은 토론자들에게 자발성과 명확성을 요구하는 상황에서 언어적으로 의사소통하는 기술을 익히게 하며, 듣기 기술과 비판적 사고 기술, 논쟁의 조직 능력을 향상시키며 마지막으로 민주주의 사회에서 반드시 갖추어야 하는 가치를 가르쳐 준다.

토론의 기능을 정리하면, 토론의 기능은 의사소통기술, 비판적 사고, 듣기능력, 조사능력이라는 네 가지로 요약할 수 있다. 이 같은 네 가지 기능을 좀 더 구체적으로 살펴보면, 첫째, 의사소통기술은 다양한 의사소통 상황에서 상호작용의 과정 동안 의사소통 목적을 달성하기 위해 여러 가지 수단을 사용하는 것을 포함하는 습득된 능력을 말한다. 따라서 사람들은 상황에 따라 자신의 의사소통 목적을 달성하기 위해 전달내용을 명확하게 만들고, 알맞은 의사소통 행위를 보여 주려고 노력한다. 즉, 자신의 의사소통 목적을 달성하기 위해 다양한 의사소통 상황에 대한 적응능력, 전달할 내용을 명확하게 만들고 종합해 표현할 수 있는 주장능력, 적당한 비언어적 의사소통 능력이 필요하다. 따라서 토론에서 의사소통기술 능력은 다양한 토론 상황에서 상호작용하는 동안 토론의 목적을 달성하기 위해 필요한 요소들을 적절하게 사용할 수 있는 능력을 말하는 것으로 다양한 토론 상황에 적용할 수 있는 적응능력, 자신의 주장을 명확하게 만들고 구성해 표현할 수 있는 주장능력, 주장을 더욱 명확하게 하고자 비언어적 의사소통행위를 사용하려는 비언어적 의사소통 능력으로 구성된다는 것을 알 수 있다.

둘째, 비판적 사고는 조사의 과정, 객관적인 증거로서의 자료, 목적이나 진술을 사회규범이나 규준관의 비교 그리고 결론을 짓거나 이미 이루어진 판단에 대해 의문을 갖는 것으로 다음과 같이 다양하게 규정할 수 있다. 첫째, 비판적 사고는 무엇을 믿고 행할지에 대한 현명한 결정을 목적으로 하는 여러 가지 의도적인 사유과정 또는 어떤 주장을 수용할 것인지 거부할 것인지 아니면 그에 대한 판단을 보류할 것 인지를 주의 깊게 의도적으로 결정하는 과정이다. 둘째, 비판적 사고는 믿을 수 있는 것과 해야 할 것을 결정할 때 바탕이 되는 사려 깊고 합리적인 형태다. 셋째, 비판적 사고는 변증법적 추론능력으로 궁극적으로 개인적 편견과 잘못된 정보 그리고 외부요인에 영향을 받지 않는 합리적인 문제해결과 의사결정을 위한 것이다. 넷째, 비판적 사고능력은 생각을 분석하고, 비판하고 연역적 그리고 귀납적으로 추론하는 능력, 지식 혹은 신념에 관한 확실한 진술문을 근거로 견고한 추론에 바탕을 둔 실제적 혹은 판단적 결론에 도달하게 하는 능력이다.

따라서 토론을 통하여 문제정의 능력, 문제해결을 위한 알맞은 정보를 선택하는 능력, 추론의 타당성을 판단하는 능력, 비판적 사고 능력을 향상시킬 수 있다. 이상과 같이 비판적 사고의 기능을 정리해 보면, 토론에서 비판적 사고 능력은 다양하게 제기되는 모든 정보에 대해 적극적인 비판과 창의적인 질문을 통해 합리적인 평가를 하게 하는 능력, 문제 정의 능력, 문제의 해결책에 대한 분석 능력, 근거를 바탕으로 하는 판단 능력, 판단을 통해 추론을 하는 예측 능력으로 구성된다는 것을 알 수 있다.

셋째, 듣기 능력은 상대방의 의견을 수동적으로 듣는 것이 아니라 상대방의 발언을 예측하고, 상대방의 발언을 분석 요약하고, 제시하는 증거를 검토하고, 숨어 있는 의미와 비언어적 전달 내용을 이해하려고 노력하는 경청 능력이다. 따라서 토론 능력에서 듣기 능력은 능동적으로 증거, 숨은 의미, 비언어적 전달내용을 파악하려고 집중해서 듣는 능력을 말한다.

넷째, 조사 능력은 다양한 논쟁 문제들을 단편적인 의미만 이해하는 것이 아니라, 그 문제의 다양한 측면을 심도 있게 자료를 조사하는 능력이다. 따라서 토론 능력에서 조사 능력은 개인이 토론 문제에 대한 다양한 측면을 심도 있게 조사하는 능력을 말한다.

### 3) 토의(討議)에 대한 이해

#### (1) 토의의 어원과 개념

일상에서 우리는 '토의'와 '토론'을 혼용하여 사용하기도 하고, 두 개념을 명백하게 구분하여 사용하기도 한다. 구분하여 사용하는 경우, '토론'은 어떤 주제에 대해 서로 다른 주장을 하는 사람들이 논증이나 검증을 통해 자기주장을 정당화하고 다른 사람들을 설득하려는 말하기와 듣기 활동이라고 정의한다. 즉, 토론은 주장하는 사람마다 저마다의 생각을 갖고 있는 상황에서 자신의 생각이 옳다는 것을 설득하려는 것이고, 토의는 저마다 생각을 갖고 있는 것이 아니라 여러 사람이 함께 생각을 수렴해 가려는 개념으로 보는 것이다.

토의의 영어 단어 discussion은 '검토하다' 또는 '주의 깊게 검사하다' '검증하다'는 뜻을 지닌 그리스어 'dischos'이다. discussion의 'cuss'는 '저주, 비난, 힐난'의 뜻이다. 그 단어 앞에 '반대(against)'를 뜻하는 'dis-'가 붙었다. 비난하지 말고, 다투지 말라는 뜻이다. 해결을 전제로 하며, 절충을 전제로 하는 것이다. 또는 discussion의 dis-는 '여러 조각으로 분산됨'을 의미하는 접두사이며 -cuss는 라틴어 quatere(흔들다, 부수다)에서 온 것으로, 어떤 문제를 이런저런 측면으로 분석하여 따져 봄을 의미하기도 한다. 이 사람 저 사람의 의견을 들어가면서 여러 측면을 나누어 한 문제를 살펴보는 것이다. 따라서 discussion은 이미 존재하는 사실을 확인하고 검토한다는 의미가 강하다. 즉, 토의는 함께 모여 공동으로 문제를 해결하기 위해 정보나 아이디어를 교환하는 과정이다. 대립되는 의견을 내세우기보다 최선의 합의나 해결책을 도출하기 위해 상호 협력적으로 대화를 나누는 것이다. 그래서 토의는 형식이나 규칙의 제한을 덜 받는다. 대두된 현안에 대해 해결책을 강구하거나 결론을 도출하는 것이 토의의 특징이다.

토의는 이미 확정된 대상이나 사실의 진위를 검토하고 증명한다는 의미에서 파생된 것으로 어떤 사안에 관해 각자의 의견을 내어 검토하고 협의하는 의사소통의 형식을 가리킨다. 최선의 해결책이나 합의를 도출하기 위해 상호 협력적으로 대화를 나누는 토의에서는 참가자들이 서로 자유롭게 의견을 교환할 수 있으며 형식이 있다 해도 대체적인 규범만 있을 뿐 엄격하게 적용되지 않는다. 따라서 토의는 참가자들의 협력적인 사고를 통해 문제를 합리적으로 해결하는 과정이고 의논과 협의를 통해 해결책을 찾아내고자 하는 시도이자 자연스럽게 의논하고 발언하는 것으로 제약 조건이 많지 않고 까다롭지 않다.

■ **토의와 토론의 차이점**

| | 토의(Discussion) | 토론(Debate) |
|---|---|---|
| 말하기 종류 | 설득 | |
| 설득의 요소 | 우선성 | 승/패 |
| 성 격 | 협력적 말하기 | 대립적 말하기 |
| | 비논쟁적 | 논쟁적 |
| | 대립: 잠재적(없을 수도 있음) | 대립: 반드시 표면적 |
| 과정 | 우선성에 입각한 문제해결 과정 | 자신의 논리적 정당성 및 상대방의 논리적 부당성 입증 |
| 결론 | 최종 결론 | 1차 결론이 찬/반 형태로 주어져 있고 승자의 결론이 최종 결론 |
| 형식 | 자유로움(비형식적) | 엄격한 형식과 절차가 요구됨(형식적) |
| 사회자의 역할 | 아주 중요 | 절차에 따른 토론만 진행 |
| 팀활동 | 없음(각 개인별로 참여) | 매우 중요(팀으로 참여) |
| 협의시간 | 없음 | 있음 |
| 결과 | 사회적 다수(강자) 의견의 재생산 가능성 높음 | 모든 가능성이 열려 있음 |
| 종류 | 심포지움, 콜로키움, 패널토의, 포럼<br>버즈 집단토의, 위원회토의, 교육토의<br>원탁토론, 이야기식 토론 | 아카데미 토론, CEDA 토론<br>칼 포퍼 토론, 링컨 더글러스 토론<br>의회 토론 |

### (2) 토의의 적용과 활용: 토의식 수업법

토의식 수업법이란 교사가 교사와 학습자 간의 의사소통과 상호작용을 통하여 정보와 의견을 교환하고 결론을 이끌어 내는 것을 말한다. 토의식 수업법은 교수-학습에 참여하는 모든 학습구성원들의 자발성, 창의성과 미지에 대한 인내성 등을 요구하는 고도의 수업방법으로서, 교사의 역할은 학습자 간의 상호작용을 조정하고 유익한 정보를 제공하는 것이다.

덧붙여 토의식 수업법이란 교사와 학습자 간, 학습자와 학습자 간의 의사소통을 통한 토의를 바탕으로 수업을 통해 달성하고자 하는 목표를 학습자가 능동적으로 성취할 수 있게 하는 방법이라고 할 수 있다. 따라서 토의식 수업법에서는 학습자의 능동적인 역할과 활동을 강조함과 동시에 수업에 참여하는 구성원 간의 언어적인 상호작용으로 아이디어와 의견을 집단 내에서 해결해 나가는 과정을 중요시하는 과정 중심의 수업 모델이다. 이러한 토의식 수업법은 학습자들이 개념, 일반화, 아이디어, 가치 등을 이해하는 데 도움을 줄 뿐 아니라 서로 교환한 다양한 정보, 의견, 아이디어 등을 직접 종합하고 평가하게 함으로써 수업을 통해 성취된 지식과 이해를 수용하고 확장하도록 해 준다.

토의식 수업의 교육적 가치는, 첫째, 인지적 측면에서 학습자들에게 타인으로부터 새로운 정보를 획득하고 배우는 기회를 제공한다. 학습자들은 자기들이 갖고 있던 생각에 대한 타당성, 합리성을 검증하는 기회를 갖게 되고, 서로의 생각을 나누는 과정 속에서 더욱 확고한 기억체계를 수립하고, 학습의 내면화를 기하는 데 큰 도움을 주고받는다. 또한 인지적인 측면에서도 사고와 문제해결의 기능 및 태도를 배울 수 있게 된다는 점에서 중요한 의미를 갖는다.

둘째, 심리적인 측면에서 학습자들은 그룹토의 등을 통해 그 집단 속에서의 수용감, 소속감 또는 유대감 등을 느낌으로써 보다 적극적인 구성원 의식과 집단에 대한 긍정적인 태도를 갖게 된다. 더불어 잠자고 있던 자아를 각성하고, 집단 속에서의 자아분화를 성취하는 계기를 마련해 주기도 한다.

셋째, 여러 가지 사회적인 기능과 태도를 배양시켜 줄 수 있다는 데 가치가 있다. 예를 들어, 집단 사고, 집단 문제해결 등을 통하여 협력과 참여 기여의 기능을 배울 수 있고, 타인에 대한 존중, 타인의 의사에 대한 경청, 타협과 합의, 그리고 그 후에 합의된 것을 따르는 책무성 등을 배울 수 있다.

### (3) 토의식 수업법의 장단점

토의식 수업법의 장점은, 첫째, 타인과의 지속적인 상호작용으로 창조적인 사고 능력 배양과 협동적인 기술 및 태도가 함양된다. 둘째, 학습자 스스로 사고하고 의사소통하는 능력을 함양시킬 수 있다. 셋째, 상대를 설득하기 위한 대화 방법과 사고 방법을 습득한다. 마지막으로 적극적인 구성원 의식과 집단에 대한 긍정적 태도를 갖게 된다.

반면에 토의식 수업법의 단점은, 첫째, 적극적인 몇몇 학생에 의해 주도되고 나머지는 무관심하기 쉽다. 둘째, 효과적인 학습결과를 도출하는 데 시간이 많이 소요된다. 셋째, 많은 양의 학습내용을 다룰 수 없고, 철저한 사전 준비로 많은 시간이 필요하다. 따라서 토의식 수업법은 철저한 준비와 실행이 뒷받침되지 않으면 학습자의 능동적 참여를 유도하기가 매우 어려울 뿐만 아니라, 교사가 계획했던 대로 수업을 주도적으로 조절하고 관리하기가 힘들다는 단점이 있다.

## 알아 두기

### 토의의 유형

브레인스토밍(brainstorming): 창의적인 아이디어를 얻기 위해 한 주제에 대해 다양한 아이디어를 공동으로 내놓음으로써 집단 사고를 통해 사고의 확산을 추구하는 방법이다. 이 토의에서는 창의적인 문제해결 과정에서 아이디어의 발상 및 전개 과정을 무엇보다 중요시하기 때문에 아이디어의 발상과 평가를 철저히 분리하여 의견의 질과 관계없이 자유롭게 가능한 한 많은 아이디어를 생성시키는 것을 주된 목적으로 삼는다.

브레인라이팅(brainwriting): 브레인스토밍의 변형으로 주어진 문제에 대해 학습자가 자신의 의견을 직접 카드에 적어 제출하게 하고, 사회자가 이를 수집해 게시판에 부착 · 정리하는 의견발표 또는 아이디어 수집 방법이다. 생각을 적어야 하므로 브레인스토밍보다 정련된 아이디어가 나오게 되고, 적어 놓은 카드를 중심으로 활동하므로 참여자의 주의집중력이 유지된다.

라운드로빈(round-robin): 참여자들에게 차례대로 의견제시의 기회가 주어지는 것을 의미한다. 돌아가며 발표하기는 브레인스토밍과 비슷하기는 하지만 좀 더 구조화되어 자연스럽게 전체 의견이 정리되는 특성이 있고, 모든 참여자에게 발언기회가 골고루 부여되므로 공정성을 확보할 수 있다.

만장일치 토의: 참여자가 어느 하나의 주제에 대한 의견이나 문제에 대한 해결방안에 대해 모두 찬성해야만 결론이 나는 토의방식이다. 참여자 개개인이 거부권을 행사할 수 있으므로 모두 참여하게 되고, 서로 설득을 통해 의견을 하나로 모으도록 유도된다.

복수선택 토의: 다수결에 의한 의사결정은 다수의 횡포 외에도 각각의 개인이 오로지 하나만을 선택해야 하므로 개인의 의견이 충분히 반영되지 못한다는 단점이 있다. 이를 보완하기 위해 복수선택 토의는 각 개인으로 하여금 대안 중에 다수를 선택하고, 각각에 대해 가중치를 두게 한 다음, 최종적인 우선순위를 결정하여 최선의 대안을 선택할 수 있게 하는 의사결정모형이다.

## 4) 논쟁(論爭)에 대한 이해

### (1) 논쟁이란

논쟁은 토론과 달리 극단적으로 어떤 문제나 정책, 사안 등을 놓고 서로 의견이 대립되어 치열하게 벌이는 언쟁을 하게 될 경우를 일컫는다. 따라서 논쟁은 서로 대적하고 있는 상태에서 자기의 주장을 적극적으로 펼침으로써 대립적인 의견에 대해 공격하거나 비판하는 대화의 방식을 말한다. 상대방을 비판하고 공격하는 데 치중하기 때문에 때론 감정이 격해지는 경향이 있다. 또한 일정한 형식이나 규칙이 적용되지도 않는다. 논쟁은 창과 방패를 무기 삼아 수단과 방법을 가리지 않고 싸우는 전투의 양상이다. 이러한 싸움에서 이기는 전투적인 공격과 방어의 논쟁에서 가장 좋은 방법은 논쟁의 기술이 아니라 상대와 가슴으로 말하는 것이다.

논쟁을 자세하게 이해하기 위하여 앞에서 언급한 토론과 토의 개념과 유사한 점을 비교하여 살펴보면, 토론의 원뜻은 '나누어 겨루다' '말싸움'이란 의미를 지닌다. 게다가 어원에 충실하여 'debate'를 토론이 아니라 논쟁을 번역해야 한다고 주장하는 학자들도 있다. 그러나 아리스토텔레스의 분류나 사회적 약속으로서의 언어적 특성을 고려할 때 논쟁과 토론은 엄밀하게 구분해야 할 필요가 있다. 토론은 갈등과 문제를 해결하기 위해 논의한다는 점에서 토의와 유사하다. 다른 한편 토론은 상대방을 비판하고 자신의 주장이 옳다는 것을 내세우는 대립적 태도가 요구된다는 점에서는 논쟁과 비슷하다.

다른 점을 살펴보면, 토론은 갈등상황에서 질문과 답변의 방식으로 상대방의 주장을 반박하거나 자기주장의 정당성을 증명하기 위해 진술하는 반면, 논쟁은 주장은 옳을지라도 주장을 지지해 주는 근거들이 참이 아니라 참되게 보이게 한다는 점에서 차이가 있다.

### 5) 토론, 토의와 논쟁의 목적: 설득

실제로 토론을 하거나 토의를 하고 논쟁을 하든지 그것들의 목적은 정보 전달이 아니라 자신의 입장이나 생각에 동의를 요청하는 설득이고, 설득은 그것들을 함에 있어 중요한 요소를 차지한다. 고대 그리스 철학자 아리스토텔레스가 그의 수사학에서 제시하는 설득의 요소는 에토스(ethos 인격), 파토스(pathos 감정), 로고스(logos 논리)이다.

원래 에토스는 성격, 습성 등 개인의 지속적인 특질을 의미한다. 그러나 말하기에서의 에토스는 화자 스스로의 인격을 솔직하게 드러내어 청자에게 신뢰를 주는 것을 중요하게 여기는 것이다. 즉, 인격적인 감화로 상대방을 설득하는 것을 의미한다. 에토스는 청자로 하여금 화자에 대해 갖는 공신력을 결정하는 요소이다. 에토스는 화자가 자신을 신뢰할 만한 사람을 보이게 하는 성품으로 신뢰가 있으면 설득력이 강해지는 것이다.

원래 파토스는 일시적인 격정이나 열정 또는 예술에 있어서의 주관적이고 감정적 요소를 의미한다. 그러나 말하기에서의 파토스는 열정을 가지고 청중의 감정에 호소하여 설득하는 것을 의미한다. 인격을 갖추고 논리적인 설명을 하더라도 상대방의 감정을 제대로 파악하지 못할 경우 설득에 실패할 수 있다. 따라서 청중의 감정에 호소하여 청중과의 공감대를 형성하여야 할 것이다. 파토스는 청중이 가지고 있는 감정에 호소하는 것을 중요시하는 것이다.

원래 로고스는 우주 만물의 변화, 유전하는 동안에 존재하는 조화와 질서의 근본 원리로서의 이법 또는 기독교 하나님의 말씀이라는 다의적 의미를 가지고 있다. 논리나 논리학이라는 말의 어원이기도 하다. 논리학에는 기본적으로 연역법, 귀납법, 인과론 등이 있다. 연역법은 일반적 진리에서 특수한 진리를 이끌어 내는 것이며, 예를 들어 삼단논법은 연역적 논거에 해당한다. 귀납법은 개별적인 특수한 사실이나 원리를 전제로 하여 일반적인 사실이나 원리로서의 결론을 이끌어 내는 방법으로서 여러 가지 사실을 관찰하고 비교, 종합하여 결론을 도출해 내는 논법이다. 인과론은 어느 결과든지 원인 없는 결과는 없으며 어떤 원인이 있으면 그에 상응하는 결과가 있다는 이론이다. 어떤 논리 전개 방법을 택하든지 근거가 뒷받침되어야 한다. 그러나 말하기에서의 로고스는 진술의 옳음을 논리적으로 증명을 하는 것을 말한다.

알아 두기

**능숙한 화자의 조건**

화자가 말을 할 때 유념할 점은, 첫째, 명쾌해야 하며(clear), 둘째, 간결해야 하며(simple), 셋째, 구체적이어야 한다(concrete)는 것이다. 능숙한 화자의 조건으로는 전문성과 진실성, 열정, 매력을 꼽을 수 있다. 청자가 화자를 평가하는 요소에는 보통 이 네 가지가 포함되고 있다. 첫째, 전문성에는 화자가 주제에 대해 갖고 있는 지식이나 경험 또는 정보 정도도 해당된다. 둘째, 진실성은 화자의 공신력에 관한 것으로서 청자가 화자를 얼마나 신뢰하느냐의 요소이다. 화자에게서 신뢰를 얻기 위한 방법으로는 사회봉사 활동, 가치관 등을 밝힘으로써 좋은 이미지를 보여 주거나, 솔직담백한 화법을 이용하거나 수용적인 자세를 보이는 것 등을 들 수 있다. 셋째, 열정은 적극적인 태도와 자신감 등으로 나타날 수 있다. 주제의 선정에 있어서 자신이 관심이 있는 주제를 선정했을 때 더 열정적으로 말하기에 임할 수 있다. 넷째, 매력은 청자로 하여금 화자에게 가까이 다가가고 싶은 마음을 느끼게 하는 것이다. 매력은 따뜻함, 친근함, 호감 등으로 표현될 수 있으므로 대화체의 발표나 화자와 동일시하는 어법 등도 화자의 호감을 사는 데 도움이 된다.

## 2. 토론의 준비 과정

### 1) 토론의 원칙

앞 장에서 살펴본 바와 같이 토론이란 정해진 규칙과 형식에 따라 긍정과 부정으로 대립하는 두 팀이 주어진 논제에 대해 각각 자신의 주장을 펴고 상대의 주장에 대해 반박과 재반박을 하는 과정을 통하여 논제에 대한 이성적 판단을 내리는 과정이다. 토론을 준비하면서 토론 과정에서 먼저 지켜야 원칙을 이해하면 도움이 된다. 토론은 합리성, 유연성, 역동성, 듣기, 설득, 추정, 평등, 의사소통의 원칙을 따른다.

### (1) 합리성의 원칙

토론은 발언의 종류나 순서와 시간에 따라 양쪽 팀이 동등한 발언 기회를 갖는 민주적이고 평등한 말하기로서 합리성의 원칙을 따른다. 즉, 이 원칙은 토론의 전 과정에서 양측은 정해진 절차에 따라 자신의 입장을 표명할 수 있는 기회를 동등하게 부여받아야 한다는 것을 강조한다. 이런 원칙의 장점은, 첫째, 기회균등의 원리와 이를 지탱해 주는 토론 예절을 체득하게 한다. 둘째, 민주의의라는 정치체계가 다른 정치체계보다 사회적 문제를 이성적으로 해결할 수 있는 가장 합리적이라는 것을 배우게 한다. 셋째, 일상에 만날 수 있는 갈등상황에서 토론이라는 합리적인 양보와 타협 그리고 조정의 원리를 통하여 문제를 창의적으로 해결해 나가는 능력을 키울 수 있다.

### (2) 유연성의 원칙

토론에서는 원칙적으로 찬성과 반대 입장을 여러 가지 방법을 통해 정하게 되는데, 찬성과 반대 양쪽 다 나름대로 일리가 있다고 보고 어느 입장이든 그 입장에 서서 문제를 바라볼 수 있는 유연한 태도를 가지고 토론에 임하게 된다. 즉, 이 원칙은 논제에 대한 입장을 여러 방식으로 정하여 토론자가 양측 입장을 모두 조사하고 분석하도록 하는 것이다. 이는 논제에 대한 양측의 입장이 모두 타당하다는 전제하에 양측의 입장을 모두 이해함으로써 사고의 유연성을 키우는 데 도움이 된다. 이런 원칙의 장점은, 첫째, 긍정과 부정 양측의 논리를 모두 조사하고 분석하여 자신의 논리로 내면화할 수 있다. 둘째, 사회적 문제의 찬반 논리가 모두 상대적으로 나름대로의 타당성을 갖고 있다는 전제하에 이 양측의 논리를 모두 익혀 사고와 논리의 유연성을 키울 수 있다. 셋째, 자기중심적이고 편협한 사고방식에서 벗어나 보다 균형 잡힌 종합적 추론능력을 키울 수 있다.

### (3) 역동성의 원칙

토론은 자신에게 주어진 발언에서 적극적으로 상대방의 발언에 대한 질문과 반박 등을 하도록 되어 있어 수동적이고 소극적인 자세 대신 적극적이고 활발하게 발언에 참여함으로써 논리를 구축해 가는 역동적인 말하기이다. 즉, 이 원칙은 주장의 타당성을 입증하는 것 외에 확인 질문이나 반론의 과정을 통해 상대측의 논리적 문제를 분석해 제시하도록 하는 것이다. 수동적으로 자신의 주장만 펼쳐서는 결코 토론에서 이길 수 없도록 함으로써 역동적으로 토론이 진행되도록 한다. 예를 들어, 입론이 자신의 논리를 탄탄하게 구축하는 소극적 자세라고 한다면, 상호질문과 반박은 상대방 논리의 문제를 부각시킴으로써 결과적으로 자신의 논지를 입증하는 적극적이고 공세적인 입장을 취할 수 있다. 토론은 자신의 논리만을 수동적으로 지키는 것으로는 결코 이길 수 없기에 상대방 논리에 대한 적극적인 반박을 시도하는 역동적 방식을 취하는 것이 유리하다.

### (4) 듣기의 원칙

듣기의 원칙은 역동성의 원칙에서 제시한 것처럼 확인 질문과 반론의 과정에서 상대측의 논증을 잘 듣고 논리의 문제점을 분석하기 위해 잘 말하는 것보다 잘 듣는 것이 중요하다는 것이다. 토론자가 자신의 확인질문이나 반론 등 자신의 발언을 구성하기 위해서는 상대방의 발언을 정리하고 분석해서 오류나 문제점들을 지적해야 하기 때문에 상대방의 말을 경청하는 태도도 매우 중요하다. 따라서 토론은 '말 잘하기'를 훈련하는 것이 아니라 오히려 상대방 말을 '잘 듣기' 훈련이다. 상대의 논리를 잘 듣고 정리하지 않고서는 상호질문이나 반박으로 이어지는 토론의 진행을 쫓아가지 못할 뿐만 아니라 결코 토론에서도 이길 수 없다. 예를 들어, "우리 사회에는 진정한 토론 문화가 없다"라는 것은 자기 의견을 말하는 사람이 없다는 것이 아니라 상대방의 의견을 주의 깊게 듣는 자세가 부족하다는 것을 의미한다.

### (5) 설득의 원칙

설득의 원칙은 상대방을 설득하기 위해서 주장을 효과적으로 펼칠 수 있어야 한다는 것이다. 언어적이고 비언어적 표현을 통해 자신의 생각을 설득력 있게 전달해야 한다. 토론자는 자신이 주장하는 내용을 상대방이 수긍하고 납득하도록 설득할 수 있어야 한다. 토론에서 중요한 것은 논리력과 설득력이다. 그러나 주장이 아무리 논리적으로 완벽하다고 할지라도 그것이 상대방에게 효과적으로 전달되지 않았다면 토론에서 승리를 기대하기는 어렵다. 따라서 토론은 상대방의 마음을 움직여서 자신의 논리를 지지하게, 받아들이게 만드는 설득의 과정이기도 하다.

### (6) 추정의 원칙

추정의 원칙은 기존의 믿음이나 가치 판단, 정책의 필요성 등을 적극적으로 부정하지 않을 경우 현재 상황에서 그대로 통용된다고 보는 자동적인 의사결정의 규칙이다. 따라서 토론을 할 때에는 현재 상황에 문제를 제기하는 입장에서 먼저 발언하도록 하며, 논제에 찬성하는 측은 증명의 부담을 져야 하고, 반대하는 측은 반증의 의무가 있다. 추정이란 원래 있는 것은 그대로 유지하려는 경향으로 토론에서는 문제를 제기하는 사람이 먼저 발언을 하고 찬성 측은 증명할 의무가 있고 반대 측은 반증할 의무가 있다는 것이다.

따라서 현재의 가치관이나 상황, 혹은 제도에 대해서 문제를 제기하는 사람이 토론을 할 경우에는 기존 전통을 유지하려는 사람보다 먼저 발언을 하도록 하는 규칙으로 정해 놓고 있는 것이다. 우리는 흔히 전자의 사람들을 진보세력 또는 개혁파라 일컫고 후자의 사람들을 기득권세력 또는 보수파라고 부른다. 그런데 이 양자가 토론을 할 경우에는 개혁파는 논제에 대해서 찬성 쪽에 서서 현재상황이 왜 문제인지 그리고 현 상황을 바꾸어야 할 이유를 증명해야 할 의무를 가진다. 그리고 보수파들은 진보세력들이 내세운 주장에 대해서 그것이 설득력이 없음을 반증해야 할 반증의 의무가 있다.

### (7) 평등의 원칙

평등의 원칙은 토론자들 모두 대등한 위치에서 자신의 주장을 펼칠 권리가 있으며, 자신의 발언권뿐만 아니라 상대의 발언권을 존중해야 한다는 것이다. 토론자에게 발언 기회와 시간을 공평하게 줄 수 있도록 규칙과 형식을 만들어 준수하도록 한다.

일상에서 누구나 자신의 생각이나 입장을 내세우는 토론 문화는 성숙한 민주주의의 지표로 볼 수 있다. 민주주의 기본원리 중의 하나가 평등원리일 것이다. 따라서 토론을 할 때 이 평등의 원리가 적용되어야 한다. 좀 더 구체적으로 말하면 토론에 있어서 민주주의 원리에 따라서 모든 토론자들이 서로가 대등한 위치에서 골고루 발언할 수 있도록 하는 원칙이다. 모든 토론자들에게 발언기회와 발언시간을 공평하게 주어야 한다. 이 점이 바로 토론에 있어서 평등의 원칙이다.

### (8) 의사소통의 원칙

의사소통의 원칙은 토론자들이 의사소통 예절을 지키며 토론에 임해야 한다는 것이다. 상대가 발언 내용을 잘 이해할 수 있도록 속도, 발음, 성량 등을 조절하고, 짧은 문장과 두괄식 구성으로 주장을 분명히 할 뿐만 아니라, 상대를 존중하며 정중한 표현을 사용해야 한다.

토론자들은 자칫 토론에서의 우위를 집착하여 토론할 때 감정이 격화되어 상대방을 공격하고 심지어 인신공격적이고 비열한 발언을 하는 무례함을 범하는 경우가 있다. 따라서 토론자들은 상대방을 존중하여 서로 경어를 사용하고 예의 바르게 행동해야 하는 것은 당연한 일이다. 예를 들어, 발언을 할 때 너무 빨리한다면 상대방이 이해하기 어렵기 때문에, 명료한 발음이나 상대방이 알아들을 만한 음량으로 제대로 말해야 한다. 주장은 상대방이 이해하기 쉽게 분명하고 간결하고 펼친다. 발언하고자 하는 내용의 핵심을 먼저 말한 후 거기에 대한 근거를 설명하는 두괄식이 좋다.

이렇게 언급한 토론의 원칙들은 토론의 형식을 설정할 때보다 토론자가 토론을 참여하거나 판정을 할 때 고려되어야 하는 요소이다. 토론자가 토론을 준비할 때 어떤 내용을 준비해야 하는지, 혹은 토론 과정에서 무엇을 지키며 토론에 참여해야 할지 고려해야 하는 원칙이다. 이런 원칙들은 토론자들을 평가할 때 고려해야 하는 요소로, 토론자가 제시한 원칙에 위배되는 경우 감점을 하는 등 토론을 평가하는 기준을 설정할 때 적용하기도 한다.

## 2) 좋은 논제의 원칙

논제란 말 그대로 논의의 주제다. 토론을 준비할 때 그렇다고 해서 단일한 생각으로 정리되는 '주제'를 정하는 것이 아니라 다방면으로 논의가 가능한 '논제'를 정해야만 한다는 것이다. 따라서 논의의 대상은 '문제'여야 한다. 왜냐하면 그 '문제'가 하나의 논제 안에서 찬성과 반대의 입장이 부딪치는 지점이 되기 때문이다. 따라서 효율적인 토론이 되려면 논제가 분명하게 진술되어야 한다. 즉, 토론이 성립되기 위해서는 의견상의 차이나 이익을 둘러싼 갈등이 존재해야 한다. 토론은 그러한 차이를 조율하는 수단이다. 따라서 토론이 성립되기 위한 선결요건은 논제가 논쟁적이어야 한다는 것이다. 토론의 좋은 논제 정하기 원칙으로는 논제의 시의성, 공공성, 대립성, 단일성, 중립성, 변화성과 긍정의 평서문으로 진술하는 것이 있다. 이러한 원칙을 적용하여 토론이 실제로 진행될 때 논란의 여지가 없게 구체적으로 논제를 구성해야 한다.

### (1) 논제의 시의성

논제의 시의성이란 지금 일어나고 있는 일이나 논란들을 의미한다. 논제를 정할 때 가능하면 요즘 논란이 되는 현안을 다루는 것이 좋다. 만약 논제가 토론자의 삶과 직접적으로 관련되어 있다면 토론자의 관심과 흥미를 유발할 수 있어 토론에 적극적으로 임하는 장점을 만들어 낸다. 예를 들어, '학생들의 교내 휴대폰 사용은 통제되어야 한다'는 논제는 그런 경우와 경험이 있는 토론자들에게 시의적절하고 참신한 논제가 될 수 있다.

### (2) 논제의 공공성

논제의 공공성이란 토론에서 다룰 사안이 사적 쟁점이 아니라 공적 쟁점과 관련된 것이어야 한다는 것이다. 토론은 사적 말하기가 아니라 공적 말하기라는 점에서 당연히 논제도 공공성을 지녀야 한다. 개인의 취향이나 신념은 논제로서 공공성의 자격을 가지지 않는다. 예를 들어, 연예인의 사생활과 관련된 문제는 전혀 공적인 토론의 대상이 될 수 없다. 다만 연예인의 음주운전은 개인의 문제이기도 하지만 음주운전과 관련된 문제로서 공적인 쟁점이 될 수 있다.

### (3) 논제의 대립성

논제의 대립성이란 사안에 대해 찬성 측과 반대 측이 핵심적인 부분에서 명백하게 대립하고 있어야 한다는 것이다. 이 점이 토의와 다르다. 예를 들어, '경로우대 무임승차, 무엇이 문제인가?'와 같은 논제를 선정하는 경우에 쟁점을 선명하게 부각하기보다는 다양한 의견이 나올 수 있는 여지가 있어서 토의가 되기 쉽다. 따라서 토론을 할 경우 찬성과 반대가 분명하고 명확한 대립 구도가 성립될 수 있는 논제를 선정하는 것이 좋다. 왜냐하면 명확한 대립 구도가 있는 논제일수록 문제의 본질을 파악하기 쉽기 때문이다.

### (4) 논제의 단일성

논제의 단일성이란 논제에 단 하나의 핵심 쟁점이 담겨 있어야 한다는 것이다. 토론에서 논제를 선정할 때에 두 가지 이상의 주제가 포함되면 토론의 초점이 흐려질 수 있다. 그렇기 때문에 하나의 주제만 포함된 논제를 선정하는 것이 좋다. 예를 들어, '교육부의 삼불정책 폐지해야 한다'는 논제를 살펴보면 일단 삼불이란 '대학 본

고사 금지', '기여 입학제 금지' 그리고 '고교 등급제 금지'를 말한다. 이 논제의 쟁점은 각각 다르기 때문에 굳이 논제로 정한다면 이 중에 하나의 쟁점을 토론 논제로 다루는 것이 바람직하다.

### (5) 논제의 중립성

논제의 중립성이란 논제에 찬반 어느 한편에 유리하게 작용하는 감정적 표현은 배제해야 한다는 것이다. 논제를 정할 때 어느 한쪽의 편견이나 선입견이 개입되면 논제의 신뢰성을 무너뜨린다. 예를 들어, '백해무익한 흡연, 담뱃값 인상 찬성한다'는 논제는 흡연 반대 입장이 함축되어 있기 때문에 좋은 논제가 아니다. 왜냐하면 흡연이 백해무익한지 아닌지 여부는 다른 토론에서 입증되어야 하는 쟁점이기 때문이다.

### (6) 논제의 변화성

논제의 변화성이란 지금 상황의 문제점을 찾아내어 상황을 변화시키는 쪽으로 구성해야 한다는 것이다. 토론은 토론의 과정에서 현실의 문제점을 발견하고 개선하고 해결하려는 정신을 담고 있을 뿐만 아니라 토론 과정을 통해서 현실의 문제를 정확하게 인식하게 하는 효과도 기대할 수가 있다. 그렇기 때문에 토론의 논제를 선정할 때에는 현 상황을 변화시키려는 의도가 반영되는 것을 선정하는 것이 좋다. 토론의 과정을 통해서 새로운 인식을 발견하고 사유를 축적하여 새로운 가치로 받아들여 태도의 변화까지 이끌 수 있다. 예를 들어, 'PA 간호사 합법화해야 한다'는 논제가 있다면, 왜 현재 PA 간호사가 문제되는지 조사하고 내재된 본질이 무엇인지를 파악하여 이를 해결하고자 하는 방법이나 대안을 제시하여야 한다.

### (7) 긍정의 평서문

토론 쟁점의 중심 내용을 더 분명하게 하기 위해 논제는 긍정의 평서문으로 구성되어야 한다. 논제를 의문문으로 정하면 토론이 아니라 토의로 빠질 가능성 다분하다. 왜냐하면 의문문이나 부정문으로 논제를 구성하면, 논제를 여러 가지로 해석할 여지가 있기 때문이다. 앞에서 언급한 논제의 대립성을 희석시킨다. 예를 들면, '선행 교육을 법으로 금지해야 하는가?'보다는 '선행 교육을 법으로 금지해야 한다'로 논제를 구상한다.

정리하자면, 좋은 논제가 되기 위한 조건은, 첫째, 가치나 정책에 대한 논제가 토론에 유리하다. 둘째, 찬성과 반대 양론이 모두 그 나름대로의 장점을 지니고 있어야 한다. 셋째, 찬성과 반대의 입장을 입증하기 위한 논리성과 합리성을 가지고 있어야 한다. 찬성 측은 지금 가치와 정책의 변화를 바라는 입장이 되고 반대 측은 현 상태를 유지하는 입장을 취하게 된다.

## 3) 논제의 종류

토론은 고대 그리스 시대부터 법정토론, 사회적 토론과 정치적 토론이라는 서로 다른 세 가지 영역에서 이루어져 온 전통을 잇는다. 법정토론은 과거의 행위에 대한 사실 유무를 가리는 토론이고 사회적 토론은 현재 사회 공동체가 지향하는 가치관이 과연 옳고 바람직한 것인가를 따지는 토론이고 정치적 토론은 사회 공동체의 미래를 결정하는 정책이 주를 이루는 토론이다. 이 같은 세 영역에서의 토론의 논제는 사실논제, 가치논제 그리고 정책논제로 개명되어 현대의 토론에서도 그 전통을 이어 가고 있다.

### (1) 사실논제

사실논제는 어떤 명제가 사실임을 주장하여야 하며, 토론을 할 때 찬성 측이 논제가 사실이라고 주장하는 데 반해 반대 측은 사실이 아님을 주장하게 된다. 즉, 특정 사안에 대한 근거를 사실에서 찾아와야 한다. 사실 논제는 참과 거짓으로 양립할 수 있는 사실에 대하여 찬성과 반대 측이 입증하는 방식에 초점을 맞춘 논제이다. 법정 공방이 대표적인 사례인데, '피고는 살인 혐의가 있다/없다'에 대하여 검사와 변호사가 그 사실을 입증하여, 그 진위에 따라서 사실 관계가 판별되기 때문에 '사실논제'라고 한다. 또한 사실논제는 주로 과거와 현재의 사실에 관한 문제를 다룬다. 예를 들면, '고종은 일본인에 의해 독살되었다', '독도는 대한민국의 영토이다.'와 같은 논제가 대표적인 사례다. 하지만 미래에 대한 예측도 논제로 설정할 수 있다. '앞으로 대한민국의 실업률은 증가할 것이다.', '한미 FTA는 우리나라에 경제적인 이익을 줄 것이다.', '청소년의 연예계 진출은 더 많아질 것이다.'와 같은 논제는 현재적 관점에서 나타나는 여러 가지 객관적인 자료를 근거로 해서 예측을 하는 것이기 때문에 사실논제에 해당한다.

### (2) 가치논제

가치논제는 어떤 가치가 바람직함을 주장하여야 하며, 명제의 서술어가 가치 판단적 요소를 포함하고 있는 경우(예로서, 바람직하다, 가치 있다, 윤리적이다, 중요하다, 낫다, 정당하다 등)가 해당된다. 가치논제는 어떤 가치를 우선적인 것으로 볼 것인가에 대한 것으로, '좋은지 나쁜지', '바람직한지 바람직하지 못한지', '옳은지 그른지'를 가려야 한다. '만화는 교육적으로 유익하다', '선의의 거짓말은 바람직하다', '미용을 위한 성형은 바람직하다' 등을 예로 들 수 있다. 가치논제로 토론을 진행하기 위해선 먼저 논제에서 다루는 용어의 개념과 범위를 명확하게 정의하는 것이 중요하다. 예를 들어, 만화의 개념에 만화책/만화영화/만화산업 등이 어느 범위까지 포함이 되는지를 밝히는 것이 중요하다. 또한 성형이 치료를 위한 것인지, 미용을 위한 것인지에 대해서 분명히 하는 것도 필요하다. 가치논제는 우리 사회가 소중히 여기는 가치와 관련된 것이기 때문에 이에 대해 활발히 토론을 하면 세상이나 사물을 바라보는 자세와 행동이 바뀌는 경험을 할 수 있다는 장점이 있다.

### (3) 정책논제

정책논제는 어떤 정책의 실행이 바람직함을 주장하여야 하며, '~해야 한다'와 같이 미래에 어떤 조치를 취하는 성격을 갖는다. 정책논제의 특징은 보통 정부가 실행자가 되며 보통 취하려고 하는 정책적 조치의 방향이나 제한을 명시한다. 정책논제는 주로 새로운 정책을 계획하는 단계에서 '~을 해야(하지 말아야) 한다'와 같은 형태의 논제를 지칭한다. 정책논제를 다룰 때는 제3자의 입장에서 토론하게 되므로 정체성과 인격을 보호받을 수 있다. 날카롭게 반박해도 상대 인격이나 감정을 해치지 않는 장점이 있고, 근거나 예 등의 자료를 찾기 쉬워 교육현장의 토론에서 많이 다루어진다. 정책논제를 다룰 땐, 세 가지 단계를 필수적으로 거쳐야 한다. 먼저 정책 도입의 취지나 배경, 역사 등에 대해 조사하여 발표해야 한다. 그다음으로 정책논제에 등장하는 용어를 비롯해 주요 개념이나 의미를 정의하고, 적용 대상과 범위를 분명히 해야 한다. 마지막으로 정책이 미치는 긍정적 영향과 부정적 영향 등을 제시해야 한다. 예를 들면, '게임 셧다운제는 폐지되어야 한다'와 '원자력 발전소의 건설은 확대되어야 한다'와 같은 논제를 생각해 볼 수 있다. 이와 같은 논제는 제시된 방안이 현재 상황의 문제를 해결할 수 있는 것인지, 그 방안을 실행할 수 있는 가능성이 있는 것인지, 그 방안을 실행하는 데 따르는 긍정적인 영향과 부정적인 영향은 어떤 것이 있는지 등에 대해 논의할 수 있다. 그리고 이를 종합하여 그 방안을 실행해야 할지에 대해 최종 판단을 해야 한다.

### 4) 토론에 필요한 능력과 자질

토론은 혼자서 말하는 언어 행위가 아니라 의견이나 생각이 대립하는 상대방과 역동적으로 자신의 주장을 옹호하고 상대방의 반박에 대해 다시 옹호하면서 의사결정에 이르는 대화양식이다. 따라서 토론에서의 능력은 상호 의사소통 능력이라는 개념으로 접근해야 한다. 따라서 토론 능력은 찬성과 반대의 입장이 분명한 토론자들이 주어진 논제에 관한 배경지식을 가지고 말하기 방식으로 논쟁을 하고, 서로 대립되는 주장을 펼치면서 합리적인 결론을 도출해 내는 실천적 요소를 포함한 능력이라 할 수 있다. 토론 능력이 있는 사람은 토론에 대해 잘 알고 있고 잘해야 하며 토론을 하는 과정에서 다른 사람과 협력하여 의사소통을 잘할 수 있는 사람이다. 더 나아가 토론을 잘하는 사람은 실제 토론 상황에서 자신의 토론 능력을 드러낼 수 있어야 함은 물론 선천적으로 매사에 토론을 즐기는 적극적이고 능동적인 기질을 지니고 있어야 한다.

### (1) 토론 능력의 구성 요소

토론 능력이 어떤 구성 요소를 가지고 있는지 살펴보기 위해서는 먼저 토론의 특징을 이해하는 것이 중요하다. 토론의 특징은, 첫째, 토론은 민주사회에 효율적으로 참여할 수 있도록 해 준다. 둘째, 토론은 리더십을 준비하고 발휘할 수 있게 한다. 셋째, 토론은 논리적 사고와 표현을 위한 논증 훈련을 할 수 있는 기회를 제공한다. 넷째, 토론은 중요한 현안에 대해 조사하고 심층적이고 다각적으로 분석할 수 있도록 한다. 다섯째, 토론은 매사에 질문을 하는 비판적 사고를 능숙하게 할 수 있도록 한다. 여섯째, 토론은 지식의 경계를 넘어서는 영역전이적 기능을 한다. 일곱째, 토론은 목적에 따른 자료를 탐구하는 능력을 키울 수 있도록 한다. 여덟째, 토론은 암기식 교육을 지양하고 질 높은 교육을 실현시켜 준다. 아홉째, 토론은 지적 호기심을 높여 준다. 열 번째, 토론은 돌발 질문이나 상황에도 당황하지 않고 재빠르게 합리적 응답 능력을 키워 준다. 열한 번째, 토론은 비판적이고 분석적인 듣기 능력을 키워 준다. 열두 번째, 토론은 토론을 준비하는 과정에서 글쓰기 능력을 키워 주기도 한다. 열세 번째, 토론은 성숙되고 현명한 판단을 내릴 수 있게 한다. 열네 번째, 토론은 비판이나 반박에 맞서 자신의 입장을 지킬 수 있는 용기를 북돋아 준다. 마지막, 토론은 효과적인 말하기 구성 능력과 전달 능력을 키워 준다.

### (2) 말하기 능력

2016년 리우데자네이루 올림픽 근대5종에서 우리나라 유일의 여성 국가대표 김선우가 23위를 기록했다. 근대5종은 펜싱, 수영, 승마, 육상 혹은 사격 순으로 경기를 해 종합 순위를 매겨 메달을 다투는 스포츠다. 전혀 다른 5종류의 스포츠를 조합하여 시행하는 스포츠로 고대 올림픽의 5종 경기의 정신을 계승한 종합 종목이다.

한 종목만 해도 벅찰 텐데 무려 5종의 경기를 펼치는 근대5종은 가히 철인을 떠올리게 한다. 5종목을 경쟁하는 능력은 쿠베르탱(Coubertin)이 생각하는 완성된 인간이 되기 위해 필요한 힘을 길러 주는 종목이었다. 여자 종목은 1981년부터 세계선수권대회가 시작되었고 2000년 시드니올림픽에서 정식경기로 처음 채택되었다. 토론은 이런 근대5종 경기와 비슷한 점이 있다. 토론을 구성하는 5가지 능력이 있는데, 그것들은 말하기 능력, 듣기 능력, 쓰는 능력, 읽는 능력과 생각하기 능력이다. 근대5종과 마찬가지로 5가지 능력을 고루 다 잘해야만 성공적인 토론을 할 수 있다.

말하기 능력은 단순하게 말을 잘하는 능력뿐만 아니라 주어진 문제를 효과적으로 해결할 수 있는 문제해결 능력과 창의적 사고 능력은 물론 올바른 가치관 및 태도와 신념으로서의 말하기 능력까지도 포함된다. 일반적으로 말하기 능력은 짧은 시간에 몇 번의 말하기 활동 경험으로 좋아지기를 기대할 수는 없다. 왜냐하면 말하기 능력은 배워야 할 학습대상이 지식적인 것뿐만 아니라 지식을 활용하는 능력을 포함하기 때문이다. 즉, 이러한 모든 기능은 말하기의 전 과정을 하나의 문제해결 과정으로 파악하고, 화자가 지식을 다양하게 활용할 수 있는 구체적인 방법을 알고 있을 때만 가능한 것이다.

토론은 자신의 주장을 말하기로 표현하고, 그 결과 토론하는 상대방을 논리적으로 설득할 수 있어야 하기 때문에 정확하게 말을 해야 한다. 그러기 위해서는 기본적으로 어법에 맞게 표현하고 용어나 개념을 정확하게 정의하고 상대방에게 말을 건네고 이어 갈 때 사용하는 표현이 자연스럽게 의미가 연결될 수 있는 적절한 어휘를 사용할 수 있는 지식을 알고 그것을 사용할 줄 알아야 한다.

### (3) 듣기 능력

토론의 중요한 요소는 듣기 능력이다. 화자가 전달하는 메시지를 능동적으로 평가하면서 듣는 비판적 듣기 능력이라 할 수 있다. 토론과 같이 설득을 목적으로 하는 의사소통 상황에서 화자의 말을 맹목적으로 수용하는 것은 옳지 않다. 대체로 청자를 설득하기 위해 화자가 하는 말이 늘 옳은 것은 아니기 때문에 청자는 전달되는 메시지의 내용을 잘 평가하면서 들어야 한다. 실제로 청자를 설득하려고 일부러 꾸며내거나 사실이 아닌 말을 하는 경우에 대처할 수 있는 효과적인 방법이 있다. 첫째, 메시지 내용의 신뢰성을 평가하면서 듣는다. 이럴 경우 화자가 어떤 내용을 주장하기 위해 사용하는 정보나 자료가 믿을 만한지 판단하면서 들으면 된다. 둘째, 메시지 내용의 타당성을 평가하면서 듣는다. 이럴 경우 화자가 무엇을 주장하고 그것을 뒷받침하는 근거가 적절하고 충분하고 수용가능한지 평가하면서 들으면 된다. 셋째, 내용의 공정성을 평가하면서 듣는다. 이럴 경우 화자가 주장하는 것들이 과연 공평하고 정의로운지 평가하면서 들으면 된다. 마지막으로 화자의 주장과 근거 그리고 쟁점을 체계적으로 정리하기 위해 메모하며 듣는 방법이다.

### (4) 쓰기 능력

토론은 공적 말하기다. 사적 말하기와 달리 토론은 메시지를 구성하기 위해 자료를 조사하여 그것을 체계적인 글쓰기를 통해 준비해야만 성공할 수 있다. 토론을 준비하는 과정에서 논증적 글쓰기 능력은 필수다. 예를 들어, 논증적 글쓰기를 통해 적절한 사례를 가지고 논리적으로 자신의 주장을 입증하지 못하면 그 토론은 결국 실패한다. 입장을 지지하는 근거가 충분하지 못하면 반박을 당하기 쉽고 설득력이 없기 때문이다. 그래서 논증적 글쓰기 능력은 토론 활동에서 설득력 있게 주장과 반박을 하는 기본적인 바탕이 된다. 이러한 논증적 글쓰기는 추론 방법에 따라 일반화, 인과 관계, 유추, 통계적 방법, 권위에 의한 논증 등으로 구분할 수 있다. 주장을 전개해 나가는 데 필요한 이러한 여러 가지 논증 유형은 증거 자료를 얼마나 충분히 활용하는가에 따라 청자가 설득당하기 쉽다. 따라서 주장에 적합한 자료를 체계적이고 적절한 추론 방법을 작성하여 증명해 가는 논증적 글쓰기 능력은 토론 활동에서 필수적으로 요구된다.

### (5) 읽는 능력

토론의 시작은 논제에 나타난 문제점을 분석하고 쟁점을 찾아 자신이 사용할 근거 자료를 조사하고 분석하여 읽어내는 능력이다. 분석적 읽기 능력을 갖추지 못하면, 주장의 근거를 뒷받침할 수 있는 자료를 조사하는 능력이 없거나 설령 자료를 찾았다 하더라도 근거가 될 만한 자료인지 아닌지를 제대로 읽어 내지 못하고 그 내용을 제대로 해석하지 못해서 자료로 활용하지 못한다는 것이다.

토론에 참여하는 토론자들은 토론을 위해 많은 시간을 투자해서 주장을 입증하기 위한 근거 자료를 조사한다. 그리고 그 자료들 중에서도 증명하는 데 꼭 필요한 중요 자료를 선택하고, 그 중요 자료를 스스로의 주장 어떤 부분에 활용할 것인지를 제대로 읽어 내야 한다. 자료를 분석하여 읽어 내는 능력은 스스로가 직접 조사한 자료를 분석하여 읽어 내고 논리적으로 재구성해서 활용할 줄 아는 활용능력이 있다.

### (6) 생각하는 능력

토론에서 생각하는 능력은 단순히 생각해서 문제를 해결하는 것이 아니라 의식적인 노력을 통한 능동적으로 생각하는 비판적 사고 능력이다. 이런 능력은 문제해결 과정으로서 주장을 뒷받침하는 근거의 합당성을 갖는 것이고 그릇된 정보나 편견을 판별할 수 있는 것이다. 한편 토론과 관련된 비판적 사고 능력은 제시되는 모든 정보에 대해 합리적으로 분석하고 평가하는 능력으로 분석 능력과 판단 능력 그리고 추론 능력을 토대로 구성되어 있다. 이는 토론자들 스스로 문제를 생각하고 해결책을 찾아가는 적극적인 활동이면서 대상에 대한 분석과 평가가 결합된 지적 과정이다. 토론을 할 때 가치와 사실을 구별하고 신뢰성 있는 자료인가를 판단하며 주장에 대한 근거의 적절성 판단과 논제와 주장의 관련성 판단 그리고 추론 과정에서의 논리적 오류 인식 등과 같은 활동에서 비판적 사고 능력이 요구된다.

지금까지 살펴본 토론 능력의 구성요소들은 모두 중요하고 총체적으로 작용하여 실제 토론에서 복합적으로 구현된다. 모든 요소들이 총체적이고 복합적으로 작용함에도 불구하고 이 요소들 중 가장 중요한 요소는 비판적으로 생각하는 능력이라고 볼 수 있다. 왜냐하면 비판적 사고력은 토론 능력의 든든한 받침대라고 할 수 있기 때문이다. 이러한 받침대가 없으면 토론 활동을 제대로 할 수 없다. 다시 말해, 논제와 관련된 쟁점 찾기에서부터 곤란을 겪게 된다. 토론 논제와 관련된 자료를 조사하는 과정에서도 분석과 평가 능력이 없기 때문에 주장을 뒷받침할 수 있는 적절한 자료를 선택할 수 없다. 또한 상대방의 주장을 듣고도 무엇이 문제인지를 알아내지 못하고 그 결과로 반박을 하지 못하는 곤란한 상황을 겪게 된다.

# 3. 토론의 핵심과정과 전략

의사소통의 방법에는 대화, 토의, 토론, 논쟁, 회의, 협상 세미나 등 여러 가지 종류가 있다. 그런데 왜 이 중에서 유독 토론이 강조되는 이유는 무엇일까? 그것은 다음과 같은 의의가 있기 때문이다.

① 갈등해결의 최선책: 토론은 의견의 불일치나 대립이 일어나는 갈등의 지점에서 시작된다. 물리적인 폭력이나 억압적 태도로 갈등을 해결하는 것이 아니라 토론을 통해 갈등을 해결하려고 노력하면, 자신의 생각이나 입장만이 절대적으로 옳다고 우기지 않게 된다. 역지사지(易地思之)의 마음으로 다른 입장이나 의견을 받아들이는 관용적 태도가 전제되기 때문이다. 그러므로 토론은 갈등을 원만하게 해결하는 방법 중 최선의 방법으로서, 사회 통합적인 기능과 역할을 수행한다.

② 문제해결의 과정: 토론은 어떤 문제가 발생했을 때, 서로 의견이 엇갈리는 사람들이 모여 가장 합리적으로 문제를 해결하는 과정이다. 서로 다른 견해와 생각, 가치와 믿음을 가진 다양한 사람들로 구성된 다원화된 사회에서 토론은 문제해결을 위한 사회적 조정 수단이다. 이런 이유로 토론은 가장 민주적이고 합리적인 의사소통 방법이라고 할 수 있다. 토론을 잘하는 사람은 다른 의사소통 방식에도 능통할 수 있다. 토론 능력을 갖추면 다양한 사회적 갈등 속에서 예리한 판단력을 바탕으로 갈등의 원인을 분석하고 문제 해결 방법을 제시할 수 있다. 나아가 합리적으로 의견을 수렴하여 가장 적합한 결정을 이끌어 내는 능력을 발휘할 수 있다. 따라서 토론 능력은 현대사회를 살아가는 우리들에게 선택이 아니라 반드시 갖추어야 할 필수 덕목이다.

③ 다양한 능력 배양: 토론 훈련과 사고력 향상과의 상관성을 밝힌 연구에 따르면 토론의 힘은 매우 강한 것으로 나타났다. 우선 토론대회에 참가해 본 경험이 있는 사람들과 참가 경험이 없는 사람들을 비교해 보면, 토론대회에 도전해 본 경험이 있는 사람이 분석력, 문제해결 능력, 판단력, 종합력 등의 측면에서 훨씬 우세하다는 것이 증명되었다. 또한 토론은 읽고 쓰는 능력, 말하고 듣는 능력, 자료조사 능력을 향상시켜 준다. 뿐만 아니라 토론은 말하기 능력과 비판적인 사고력, 논증 구성력, 다양한 지식과 정보를 통합하는 능력, 학술적 연구 능력을 길러 준다. 더 나아가 토론은 민주사회의 일원으로서 갖추어야 할 건전한 시민의식과 문화적 다원성을 이해하는 성숙한 문화의식과 리더십을 증진시켜 준다.

토론 전략이란 견해나 입장 차이가 있고 입장이 대립하는 토론 참여자들이 스스로 목적을 달성하기 위해 현재 상황에서 가장 효과적인 토론을 준비하기 위한 것이다. 토론은 사적 말하기와 달리 정해진 규칙이 있어서 토론 참가자들은 이 원칙들을 준수하면서 자기주장의 정당함과 상대방 의견의 부당함을 반박해야 한다. 그렇기 때문에 토론에 참여하는 사람들은 스스로의 목적을 달성하기 위해 가장 효율적이라고 생각되는 전략들을 마련하여 토론 진행계획을 세우게 된다. 따라서 이들이 행하는 모든 말하기 내용은 스스로의 목적 달성을 위한 전략적인 성격을 가지고 있다고 할 수 있다. 이러한 전략들을 준비단계와 실행단계 과정으로 나누어 알아보기로 하겠다.

### 1) 토론 준비단계: 과정의 규칙

첫째, 규칙을 준수하며 말하기: 토론에는 규칙이 있다. 따라서 규칙 준수는 토론자가 해야 할 가장 중요한 태도이자 의무이다. 그중 자주 언급되는 것이 발언의 순서와 시간이다. 그만큼 토론자가 발언 순서를 어기거나, 정해진 시간을 지키지 못하기 때문에 정해진 규칙이다. 토론은 동일한 발언 기회와 시간을 부여하는 기회 균등의 규칙을 원칙으로 진행한다. 따라서 토론자는 자신의 발언 순서와 주어진 시간 등 미리 토론의 규칙을 이해하고 있어야 제대로 자신의 주장을 펼칠 수 있다. 토론 전에 발언 시간을 맞출 수 있도록 준비한 원고를 가지고 연습해 봄으로써 분량이나 발언 속도를 조절해야 한다.

둘째, 공감하며 말하기: 공감하며 말하기는 화자가 청자의 감정과 입장을 배려하여 공감할 수 있도록 말하는 것이다. 일반적으로 토론은 찬반 대립이 있는 토론자들이 상호작용을 하는 과정이기 때문에 감정을 잘 조절하여야 한다. 때때로 토론을 할 때 토론자들이 화가 나서 흥분하여 이성적으로 대응하지 못하고 토론이 끝난 뒤에도 서로 감정이 나빠지는 경우가 있다. 따라서 스스로의 감정을 잘 조절하고 공감과 역지사지의 정신으로 토론에 임하는 것이 중요하다. 토론 논제에 대해 찬반 양측의 입장을 가능하면 모두 조사하고 분석하여 제대로 이해함으로써 자신의 논리를 강화할 수 있다. 토론의 전체적인 흐름을 짐작해 보고 스스로에게 유리하거나 불리하기 나를 떠나 객관적이고 중립적인 자세에서 논제를 검토해야 한다. 이것은 자기중심인 편협한 사고에서 벗어나 균형 잡힌 종합적 사고능력을 키울 수는 장점이 있다.

셋째, 책임감 있게 말하기: 토론자의 기본 자질은 정직과 신뢰 그리고 책임의식이다. 토론자는 임의로 조작하고 왜곡한 증거를 토론에 사용해서는 안 되고 자신이 직접 조사한 증거를 사용해야 한다. 토론할 때 신뢰가 있는 최신자료와 구체적 사례를 제시하면 자기주장의 설득력을 높일 수 있다. 자기주장을 입증하기 위해서는 논거를 수집해야 하는데 그 증거자료로 실례, 통계, 자료 등의 경험으로 검증 가능한 사실 증거와 전문가나 권위자의 의견을 인용하는 자료를 들었을 때 그 정확성과 신뢰성을 확보할 수 있다.

## 2) 토론 실행단계: 과정의 전략

### (1) 입론 전략

토론은 자기주장의 정당함과 상대방 의견의 부당함을 밝힘으로써 상대방을 설득시키는 것이다. 이 과정에서 토론자는 객관적이고도 합리적인 증명이나 근거를 들어 자신의 주장이 옳다는 것을 논리적으로 증명할 수 있어야 한다. 토론자들은 이러한 스스로의 목적을 달성하기 위해 여러 가지 전략을 구사한다. 입론이란 말 그대로 토론자나 토론팀에 의해서 설득의 목적을 달성하기 위해서 상대방에게 자기주장을 세우는 과정이다. 또는 '정해진 논제에 대해 자신의 생각을 말한다'는 의미에서 '발제'라고도 한다. 따라서 토론 논제와 관련된 입장을 세우기 위해 입론서를 작성하는 것이 필수다. 더 효과적인 토론을 위해 입론서뿐만 아니라 상대팀이 볼 수 있는 프레젠테이션을 준비하는 것이 좋다.

입론은 다음과 같은 순서대로 구성하는 것이 좋다.

첫째, 논제를 둘러싼 사회적 배경을 말한다. 입론을 시작하면 먼저 스스로의 논제에 대한 찬반입장을 분명하고 간결하게 발언한다. 그런 다음 논제와 관련된 사회적 배경을 설명하여 논제가 토론을 해야 할 만큼 사회적으로 쟁점이 되어 있고 토론할 가치와 필요성이 충분히 있다는 점을 강조한다. 왜냐하면 입론 초반에 논제의 쟁점과 토론할 만한 가치와 필요성이 있다는 점을 강조하면 사람들이 그 쟁점에 대해 주목하면서 어떤 주장과 해결책을 내세울지 관심과 기대를 끌 수 있기 때문이다. 만약 '교육현장에서 체벌은 필요하다'라는 논제로 토론한다면 먼저 체벌이 왜 지금 사회적으로 문제가 되고 있는지와 체벌 문제를 해결하기 위해 사회적으로 어떤 논의들이 제기되고 있는지 등에 대해 구체적으로 발언한다. 이때 교육현장 체벌문제와 관련된 시의적절한 사건이나 사고 영상을 보여 주면 토론 논제에 대한 관심을 유도하고 토론 필요성을 인식하는 데 유리하다.

둘째, 핵심 개념을 정의한다. 토론은 논제에 등장하는 핵심 개념들을 바르게 정의하는 것에서 시작한다. 개념 정의의 목적은 핵심 개념에 대해 자의적 해석 가능성과 인식 차이로 인한 오해 발생 가능성을 줄이는 것이다. 왜냐하면 핵심 개념에 대한 정의가 찬반 입장 가운데 어느 한쪽의 입장이나 논점을 받쳐 주는 기반이 되기 때문이다. 예를 들어, 논제 '안락사를 허용해야 한다'는 '안락사'의 개념이 무엇인지와 '허용'한다는 것의 범위와 조건이 무엇인지에 대해 개념을 정의해야 제대로 주장을 펼칠 수 있다.

따라서 토론과정에서 반드시 논의되어야 할 핵심 개념들을 적절하게 정의하고 이들 개념을 올바르게 이해하고 있음을 밝혀야 한다. 핵심 개념을 정의하기 위해서는 논제에 나타난 주요 개념에 관해 토론자의 입장을 명확히 밝히는 것과 함께 논제가 등장하게 된 배경이나 역사, 논제의 현상이나 문제에 관해 명확하게 분석하여 제시할 필요가 있다.

핵심 개념을 정의할 때, 개념을 우리말 사전에서 찾아 정의하는 사전적 정의와 사회에 적용되는 관련 법률에서 인용해 정의하는 법률적 정의 그리고 해당 전문가들이 연구한 결과가 나온 책이나 논문을 인용하는 전문가 정의를 사용하면 된다. 덧붙여 개념의 어원을 조사하여 발표함으로써 그 의미를 명료하게 하면 된다. 예를 들어, 입론 단계에서 필수적으로 제기되는 쟁점 가운데 정책논제는 역사적 배경, 용어나 개념에 대한 정의, 긍정적 영향과 부정적 영향에 따른 필요성, 현실성, 이익과 손실 등을 다루면 된다. 가치논제는 용어의 개념과 범위, 가치관의 차이, 가치 판단의 기준 등을 다루면 유리하다. 따라서 핵심 개념 정의 자체는 곧 자기 팀의 입장이나 논점을 받쳐 주는 기반이 될 뿐만 아니라, 어떤 경우에는 그것 자체가 토론의 승패를 결정하는 결정적인 요소가 되기도 한다.

셋째, 논점은 3개 정도로 정리하여 전개한다. 논점이란 논제 속에 담긴 핵심 쟁점 사항이다. 따라서 논점 파악은 논제의 정확한 파악과 같은 말이다. 쟁점은 해결해야 할 문제의 내용을 의미한다. 논점은 어떤 문제에 대하여 절대적으로 옳고 그름이 존재하지 않거나 밝혀지지 않은 채 대립된 주장이 맞서고 있음을 의미한다. 따라서 토론에서 제시된 문제의 내용이 무엇인지를 파악하고 거기에 답하기 위해서는 배경지식이 필요하다.

논점은 3개 정도로 제시하는 것이 좋다. 논점을 너무 많이 나열하면 내용을 기억하기도 어렵고 산만할 뿐 아니라 중복되는 경우도 많아진다. 반면 너무 적으면 주장을 제대로 뒷받침하지 못해 주장의 설득력을 잃게 된다. 논점을 제시하였으면 그 각각의 논점을 지지할 수 있는 근거자료를 제시해야 하는데 주로 사례나 통계자료, 혹은 관련 사실 근거들을 들어 제시하는 것이 좋다.

논점을 분석한다는 것은 다양하게 얽힌 사회문제들을 영역별로 구분하고 정리하는 것을 의미한다. 이 단계에서는 무엇보다 분석적인 사고력이 중요하다. 논제에 따라 차이가 있기는 하지만 논점을 단순하고 정확하게 분석하기 위해서는 핵심 쟁점의 필요성, 한계, 해결 가능성, 비용, 대안, 절차 준수 등을 고려하여 주장하고 그에 대한 논거를 찾도록 하는 것이 효과적이다.

넷째, 기대효과를 열거한다. 논거에 대한 발언이 끝났으면 입론의 마무리 단계로서 기대효과를 말한다. 논제로 주어진 문제를 해결하기 위해 어떤 노력을 해야 하는지에 대해 언급하면서 토론자가 주장한 바대로 한다면 지금 토론하는 문제를 이러저러하게 해결할 수 있을 것이라고 내용을 정리한다. 내용을 정리할 때, 논의 전환

사나 내용이정표를 사용하면 효과적이다. 예를 들어, '요약하자면'이나 '첫째, 둘째, 셋째...' 등 순서, 관계, 강조, 부연과 요약 등을 강조하는 표현들이다. 기대효과는 토론자들에게 자신들이 내세우는 논거에 타당성과 현실성이 있음을 받아들이도록 유도하는 효과가 있다.

**알아 두기**

**토론의 말하기 기법**

주장할 때: "저는 ~~~~~ 에 대하여 찬성 입장/반대 입장입니다."
근거를 제시할 때: "왜냐하면 ~~~~~~~~~이기 때문입니다."
자료를 제시할 때: "예를 들자면/근거자료로는 ~~~~~~~~~~~~~~~~입니다."
주장을 확인하고 강조할 때: "그러므로 저는 ~~~~~~~~~~~~~~~~라고 생각합니다."

### (2) 상호질문 전략

상호질문(Cross Examination)이란 토론에서 찬성 측과 반대 측의 입론이 끝난 후 상호 간에 입장 내용을 확인하고 질문하는 것이다. 입론에서의 상대방의 발언내용에 대해 질문하는 과정이다. 토론에서 상대방이 말한 바를 조사한다고 하여 '교차조사' 또는 '확인질문'이라고 하며, 법정에서는 '반대심문'이라고도 한다. 상호질문에서는 상대방의 발언내용을 잘 들은 다음 문제점을 파악하고, 그것으로부터 상대방의 논점이나 논거의 허점을 예리하게 찾아내야 한다. 이를 통하여 반론을 하기 위한 발판을 만들어야 한다.

토론에서 찬성과 반대 양측은 각각 상대측 발언에서 논리적 오류나 결점이 있는 부분을 지적하여 질문하는 시간을 통해서 상대보다 스스로의 주장이 더 설득력 있고 타당하다는 것을 증명해야 하기 때문에 상호질문은 토론 과정 중에서 찬성과 반대의 경쟁적 속성이 가장 부각되는 부분이다. 상호질문은 상대측의 입론에서 제시한 내용을 조목조목 확인하여 논점이나 논거의 허점을 찾아내어 이를 집요하게 파고들어야 하기 때문에 상대팀의 입론을 주의 깊게 경청하면서 질문할 거리를 메모해야 한다. 상호질문의 전략은 다음과 같다.

첫째, 상대방이 발언한 내용에 대해서만 질문한다. 상호질문을 하는 이유는 단순한 의견 교환이 아니다. 상호질문은 질문하는 측이 토론의 주도권을 확보하고 토론 상대방으로부터 토론에 유익하고 중요한 정보를 이끌어 내는 과정이다. 따라서 발언내용을 단순히 확인하는 질문보다는 자신의 입장을 옹호하고 상대팀을 반박할 수 있는 질문을 한다.

둘째, 상대방 논점의 허점에 대해 질문한다. 상호질문을 할 때에는 상대방이 발언한 내용을 모두 확인하려고 하지 말고 상대방이 제시한 논점 중에 어색하거나 논리적 허점이 있는 부분을 질문한다. 예를 들면, 상대방이 정의하고 있는 개념이 논점의 내용을 다 다루는지, 논제와의 관련성이 있는지 등을 따져 보고 어긋나면 이에 대해 집중적으로 질문하여 문제점을 드러내도록 한다.

셋째, 상대방 논점을 뒷받침하는 논거의 타당성과 건전성에 대해 질문한다. 논점을 증명하는 자료를 지나치게 자의적으로 해석한다든지, 또는 일부에 해당하는 사례를 전체인 양 말하지는 않는지, 주장은 있되 근거가 분명하지 않은지 등을 질문한다. 일반적으로 주장을 하려면 그것을 뒷받침하는 사례, 통계 자료, 사실 등의 자료를 토대로 그 주장이 옳다는 것을 증명해야 한다. 그런데 주장이 옳다는 것을 입증하기 위해 잘못된 자료를 활용하는 경우 의문을 제기하게 되면 토론에서 유리한 입장을 차지한다.

넷째, 발언 내용을 단순히 확인하는 질문이나 개방형 질문은 피한다. 상호질문은 단순한 질문이 아니라 명료한 질문이다. 상호질문의 목적은 상대 주장의 허점을 드러내서 토론에서 우위를 차지하기 위한 것이다. 따라서 상호질문은 상대방의 주장에 대해 단순히 사실 확인을 하거나 대답하는 사람이 자유롭게 자신의 의견을 표현할 수 있도록 하는 개방형 질문은 피해야 한다. 답변이 길어지면 질문자가 질문할 기회가 그만큼 줄어들고, 상대팀의 문제점을 부각시키기도 어려워진다. 그리고 응답자가 장황하게 대답을 하게 되면 오히려 상대팀의 주장이 강화되는 경우가 발생하게 된다. 예를 들어 질문자는 답변이 길어지는 개방형 질문을 피하여, 되도록 '예'나 '아니오'로 짧게 답변할 수 있도록 질문을 여러 개로 나누어서 단계별로 질문한다. 만일 응답자가 길게 대답하려고 한다면, 질문자는 "감사합니다. 이미 하신 말씀만으로도 저의 질문에 대한 대답이 충분히 되었습니다" 혹은 "감사합니다. "그 정도면 찬성 측/반대 측의 입장이 충분히 밝혀졌습니다"라고 정중하게 말한 뒤, 다음 질문으로 넘어간다. 자료나 사실 확인 등은 '예/아니오'로 대답할 수 있는 단답형의 질문이 좋지만 설명이 필요한 경우에도 응답자가 '예/아니오'로 대답할 것을 강요하는 것은 바람직한 태도가 아니다. 상대가 짧게 답할 수 있도록 질문을 미리 개발하는 것이 좋다.

다섯째, 짜임새 있게 질문한다. 토론에서 상대측의 문제점을 찾아내기 위해서는 문제점을 한 번에 지적하기보다는 짜임새 있게 몇 개의 질문으로 나누어 단계별로 접근하는 것이 효과적이다. 그리고 전체적으로 원하는 결론에 도달할 수 있도록 질문을 구성하는 것이 좋다. 상호질문은 토론 상대방의 문제점을 잘 찾아내는 능력이 요구된다. 가능하면 질문에 대하여 짧게 답하도록 유도하는 것이 좋다. 왜냐하면 답변이 길어지면 다음 질문을 이어 나가기 어렵기 때문이다.

여섯째, 질문자는 예의 있는 태도로 질문해야 한다. 상호질문에서는 상대팀을 위협하는 호전적인 태도나 인신공격적인 발언보다는, 재치와 순발력을 발휘하여 핵심을 찌르는 질문을 던지고 답변을 잘 유도하는 유연한 태도가 요구된다.

일곱째, 응답자는 성실하게 답변할 의무가 있다. 응답자는 순간적으로 머리에 떠오르는 대로 답할 것이 아니라, 당황하지 말고 자신의 논지와 잘 연관시켜 질문에 간단명료하게 답하는 지혜가 필요하다. 응답자는 꼭 '예' 혹은 '아니오'로 짧게 대답할 필요는 없다. 응답자는 자신의 응답에 대해 부연 설명을 할 수 있다. 예를 들면, "예, 그렇습니다. 하지만…"의 형태로 답할 수 있다. 응답자는 모호하거나 복합적인 질문에 대해서는 질문의 정확한 의미를 질문자에게 다시 확인할 수 있다. 응답자는 답을 모를 때는 "모르겠다"고 솔직하게 인정해야 한다.

**알아 두기**

**상호질문의 2가지 의무: 입증의 의무와 반증의 의무**

**입증의 의무**

토론 논제에 대한 찬성 측은 '입증의 의무'가 있다. 토론에서 찬성 측은 현재의 상황이나 제도에 문제가 있다고 판단하고 문제제기를 하는 진보적인 개혁파의 입장을 맡는다. 그리고 토론에서는 찬성 측이 먼저 발언하도록 되어 있다. 문제를 제기하는 사람이 먼저 발언하기 때문이다. 즉, 문제를 제기하는 자는 왜 변화가 필요한지(변화의 필요성), 변화가 없을 때는 어떠한 문제가 있는지(증거), 어떻게 해결해야 하는지(해결방향) 등을 분명하게 밝혀야 한다. 이렇게 찬성 측은 그 변화의 타당성을 입증할 책임을 갖게 된다.

**반증의 의무**

토론 논제에 대한 반대 측은 '반증의 의무'가 있다. 반대 측은 현재 상황을 유지하려는 보수파의 입장을 맡는다. 반대 측은 찬성 측의 입장이 타당성이 없음을 반증해야 한다. '현재의 상황은 크게 문제가 되지 않는다' 또는 '문제가 있다손 치더라도 새로운 제도를 만드는 것이 더 큰 문제를 유발한다' 등과 같이, 수긍할 만한 근거를 내세워 찬성 측의 주장이 타당하지 않음을 증명해야 한다. 이를 '반증의 의무'라고 한다.

### (3) 반론 전략

토론의 핵심은 반론에 있다. 토론은 서로 다른 입장을 전제로 대립된 의견을 논의하기에 반론은 토론에서 가장 핵심적인 단계이다. 반론은 상대방 주장의 허점이나 부족한 점을 지적하고, 왜 잘못되었고 어떤 점이 오류가 있는지를 밝히고 더 좋은 해결책이나 대안이 있다면 그것을 제시라는 단계다.

토론을 할 때, 상대측은 자신의 주장을 최대한 논리적으로 만들려고 할 것이다. 하지만 상대측의 주장을 무력화해야지만 자기 측의 주장이 힘을 받게 된다. 상대측의 주장을 무력화하기 위해 우선, 상호질문 단계에서 상대의 오류를 점검하고 확인 질문하는 단계를 거치기는 한다. 그러나 본격적으로 상대가 입론 단계에서 내세운 주장과 근거, 연결고리, 사례 등의 오류를 반박하는 것이다. 반론은 종종 검투사가 창과 방패를 가지고 결투하는 장면에 비유된다. 훌륭한 검투사는 날카로운 검을 가지고 상대방의 허를 정확하게 지를 수 있고 또 방패를 가지고 상대방의 검을 날렵하게 방어해야 하듯이 토론자는 상대가 주장의 근거로 제시하는 이론과 통계, 사실, 사례 등이 참인지 거짓인지 검증해 거짓됨을 공격하고 자신의 논리를 방어할 수 있어야 한다.

대체로 반론을 할 때 상대측 주장을 메모하며 짧은 시간에 문제점을 찾아낼 수 있는 순발력이 필요하기 때문에 이 단계를 부담스러워할 수 있다. 하지만 토론 전에 논제에 대해 상대측이 내놓을 쟁점이나 주장, 근거 자료, 사례 등을 예측하여 반론 리스트를 만든다면 반론을 좀 더 효과적으로 수행할 수 있을 것이다. 반론의 전략을 정리하면 다음과 같다.

첫째, 상대측이 내세운 논점이 논제에서 벗어나지 않았는지 검토한다. 토론에서 반론은 상대측이 내세운 주장이 타당한지 꼼꼼하게 따져 보는 단계이다. 상대측이 내세운 논점이 논제에서 벗어났다면, 어떤 점에서 어떻게 벗어나고 있는지를 조리 있게 반박한다.

둘째, 상대 측 근거의 신뢰도와 타당성을 검토한다. 상대측 논점을 지지하는 논거의 신뢰도와 타당성을 꼼꼼하게 확인해야 한다. 여기서 반박할 점을 발견하면, 왜 반박되어야 하는지 그 이유를 차근차근 밝혀야 한다. 상대측이 내세운 논점을 지지하는 근거를 제대로 제시하였는지, 제시했다면 빈약하지는 않는지, 신뢰할 만한 자료인지 꼼꼼하게 확인해야 한다.

셋째, 입론에서 제시하지 않은 논점을 들어 반론을 해서는 안 된다. 토론에서는 토론의 효율성을 위해 입론에서 거론하지 않은 논점을 반론에서 새롭게 제시하지 못하도록 규정하고 있다. 왜냐하면 입론과 관련 없는 논점제기는 토론방향을 예측할 수 없는 상황으로 끌고 가기 때문이고 이미 제기된 논점만을 집중적으로 검토하면서 토론하는 방법을 배울 수 있도록 하려는 취지 때문이다.

넷째, 반론하지 않은 논거는 동의하는 것으로 수용된다. 토론에서 상대측이 제시한 논점에 대해 비판하지 않거나 또는 그에 대해 스스로의 입장을 말하지 않는다면 그 논점을 받아들이는 것으로 간주한다. 그러나 상대측이 제시한 논점을 조목조목 다 반박하려면 시간이 부족할 뿐만 아니라 반박의 내용도 부실해져서 허술한 반론이 되기 쉽다. 이는 다음의 방법으로 해결하면 좋을 것 같다. 우선, 중요한 논점부터 집중적으로 반박할 필요가 있다. 반론이 두 번 있는 토론의 경우, 첫 반론에서는 상대측의 논점 중 가장 취약한 점을 공략하고, 두 번째 반론에서는 첫 반론에서 빠진 내용을 반박하는 것이 효율적이다.

결국 찬성 측 토론자의 입론은 토론 이전에 작성된다. 그러나 그 외의 나머지 순서는 미리 준비했던 자료를 읽어 갈 것이 아니라, 자료를 참조하되 상황에 맞게끔 융통성 있게 대처해야 한다. 반론 역시 상황에 맞게 유연성 있게 행해져야 한다.

### (4) 최종 발언 전략

최종 발언은 지금까지 토론한 내용을 간략하게 요약정리하고, 토론 논제에 대한 자신의 입장을 다시 한번 선명하게 부각시키는 단계에 해당한다. 최종 발언은 글로 따지면 결론에 해당하며, 최종 변론, 정리 발언, 최종 입장 정리 등의 용어로 표현된다. 최종 발언을 구성하는 핵심 요소는 자기 측의 입장과 근거를 다시 한번 요약하고, 앞서 진행된 토론에서 형성되었던 쟁점을 정리하면서 자기 측의 주장과 근거가 설득력이 있음을 강조하는 것이다. 최종 발언의 방법과 유의점은 다음과 같다.

첫째, 논제에 대한 입장과 논점, 상대측의 오류나 허점을 간략히 밝힌다. 둘째, 상대측의 반박을 간략히 정리하고, 이에 대한 발표자의 입장을 밝힌다. 셋째, 상호질문 중 질문자가 요청한 사안에 대하여 상대측이 답하지 않은 부분이 있으면 이를 재확인하여 듣는 이에게 각인시킨다. 넷째, 토론자의 주장이 상대측의 주장을 압도하는 이유와 토론자의 논점대로 하면 문제가 순조롭게 해결될 것이라는 점 등을 어필한다. 마지막, 토론 내용을 압축적으로 담을 수 있는 비유나 일화 등을 활용하여 설득한다.

알아 두기

## 소크라테스와 트라시마코스의 대화(플라톤 『국가』 제1권)

**올바름에 대하여 II**

가만히 듣고 있던 트라시마코스(Thrasymachus)가 분노를 참지 못하며 논의에 끼어든다. 트라시마코스는 소크라테스(Socrates)에게 올바름이 무엇인지 진정 알고 싶다면 묻기만 하지 말고 누군가가 하는 대답을 논박하고서 뽐내려고만 하지 말고 직접 대답하기를 요구한다. 하지만 소크라테스는 적절히 대처하며 결국 트라시마코스가 직접 말을 하도록 만든다.

(1) 트라시마코스의 1정의: 올바른 것은 강한 자의 편익 이외에는 다른 것이 아니다. 338c

(2) 소크라테스의 검토: 강한 자라는 것이 이해가 되지 않는다. 그것이 단순히 물리적인 힘이 강한 자인 팡크라티온(Pankration) 선수 같은 자를 말하는 것이냐? 338d

(3) 트라시마코스의 1정의 수정: '나라마다에 있어서 힘을 행사하는 것은 지배하는 쪽이며, 법률을 제정함에 있어서 각 정권은 자기의 편익을 목적으로 삼는다. 그것이 자신이 주장하는 것이다. 즉, 올바른 것은 통치자의 편익이다.'로 수정된다. 339

(4) 소크라테스의 반론: 올바른 것이 편익이 되는 것이라는 점은 동의하나 다른 것은 더 검토해 보아야 한다고 하며 통치자들은 전혀 실수를 하지 않는 자들인지 실수를 하는 자들인지 묻는다. 트라시마코스가 실수를 할 수도 있는 자들이라고 하자 소크라테스는 그렇다면 어떤 것은 그들이 옳게 법을 제정하고 어떤 것은 옳지 못하게 제정한다. 옳게 제정한다는 것은 자신들의 편익이 되는 것들을 제정하는 것이지만, 옳지 못하게 제정하는 것은 편익이 못 되는 것들을 제정하는 깃이다. 그러니 결국 그것은 통치자의 편익뿐만 아니라 편익이 못 되는 것도 이행하는 것이 올바른 것이 된다. 339d~339e

(5) 트라시마코스의 반론: 어떤 사람이 실수를 저지를 때, 그 실수를 저지른 사람은 강한 자로 부를 수가 없다. 엄밀한 뜻으로 말한다면 어떤 전문가도 실수를 하지 않는다. 그러므로 통치자는 그가 통치자인 한에 있어서는, 실수하지 않으며 실수를 하지 않는 자로서 자신을 위한 최선의 것을 제정하게 되고, 다스림을 받는 입장에서는 이것을 이행해야 한다. 따라서 올바름은 강한 자의 편익이라는 것이 정당하다. 340c~341a

(6) 소크라테스의 반론: 엄밀한 뜻의 의사는 돈벌이를 하는 사람인지 환자를 돌보는 사람인지 묻는다. 트라시마코스는 환자를 돌보는 사람이라고 답하고 키잡이는 선원들의 통솔자인지 선원인지 문자 트라시마코스는 다시 선원들의 통솔자라고 대답한다. 그들이 키잡이로 불리는 이유는 항해를 하고 있어서가 아니라 선원들에 대한 통솔에 관한 기술 때문이다. 고로 기술도 원래 각각(선원들)에게 편익이 되는 것을 구하기 위한 것이다. 그런데 기술은 엄밀한 의미에서 온전한 것 정확한 것이기에 그 기술 자신에 대한 편익을 생각하기보다 그 기술이 관여하는 대상에 편익이 되는 것을 생각한다. 고로 어떤 통솔을 맡은 사람이든 그가 통솔자인 한은(통솔의 기술을 가진 자는) 자신에게 편익이 되는 걸 생각하거나 지시하지 않고 통솔을 받는 쪽 그리고 자신이 일해 주게 되는 쪽에 편익이 되는 걸 생각하거나 지시한다. 341d~342e

(7) 트라시마코스의 재반론 및 정의 추가: 트라시마코스는 소크라테스에게 보모가 있었는지를 언급하며 새로운 반론을 제기한다. 양을 치는 이들이나 소를 치는 이들이 양이나 소한테 좋은 것을 생각하며 이것들을 살찌게 하고 돌보는 것이 주인한테 그리고 자신들한테 좋은 것을 위해서 하는 것이지 양이나 소를 위한 것이 아님을 언급하며 통치자들도 마찬가지라고 이야기한다. 그리고 덧붙임에 있어서 올바름, 올바른 것은 실은 남에게 좋은 것을 하는

것이고 자신에게는 해가 되는 것이라고 주장한다. 결국 올바르지 못한 자는 가장 행복하게 되고 반면에 올바르지 못한 짓이라고는 아예 하려고 하지 않는 자들은 가장 비참하게 된다고 주장한다. 343b~344a

(8) 소크라테스의 반론: 목자가 양을 살찌우는 것은 그가 목자인 한, 양의 최선의 상태를 염두에 두고 하는 것이며 목자가 돈벌이를 하는 사람처럼 그것을 팔 것을 염두에 두고서 하는 것이 아니다. 그러나 양을 치는 기술에 있어서 그 기술이 맡아 돌보도록 되어 있는 대상을 위해 최선의 것을 제공토록 하는 것 이외의 다른 어떤 것도 아니며 그 기술이 최선의 것이 되기 위해서 갖추어야 할 것들을 이미 충분히 갖추어 갖고 있기 때문이다. 345c~345e 그리고 통치자들이 자신해서 통치를 맡는 것이 아니며, 그들은 통치를 맡음으로 인해서 보수를 요구한다. 이 점에 있어서 통치술 자체만으로는 통치를 하는 자들에게 이득이 생기는 것이 아님을 보여 줄 수 있다고 이야기한다. 조타술을 통해서 건강하게 되었다고 조타술을 의술로 부르는 것이 아닌 것처럼 노동을 하는 자가 건강해졌다고 해서 보수획득술을 의술로 부르지 않는 것처럼 전문가들이 각각의 기술들을 활용해서 이득을 보는 것은 보수획득술을 추가적으로 이용함으로써 되는 것이다. 즉, 의술은 건강을 생기게 하나 추가되는 보수획득술이 보수를 생기게 한다. 또한 다른 모든 기술도 이와 마찬가지로 저마다 제 기능을 하며 각각이 맡도록 되어 있는 그 대상을 이롭도록 한다. 그리고 그 기술에 보수획득술이 추가되지 않는다면 그 전문가가 그 기술로 해서 이득을 얻는 일이 없다. 고로 통치술만으로 통치자가 이득을 얻는 것이라는 주장이 반박된다. 그러므로 다스리는 일을 하는 사람들이 자발적으로 맡아 남의 나쁜 일들을 바로 잡으려 하지는 않고 보수를 요구하는데 그 이유는 그 일을 맡으려 하지 않을 경우에는 그것이 벌이 되기 때문이다. 자신들이 일을 맡지 않음으로 받는 최대의 벌은 자기보다 못한 사람한테 통치를 당하는 것이며 자신들이 통치를 맡게 되는 것은 그런 벌을 두려워함으로써 부득이하게 맡게 되는 것이다. 고로 '올바름은 강자의 편익이다.'라는 주장이 논파된다. 345c~347e

(9) 트라시마코스의 두 번째 주장에 대한 소크라테스의 반박 1: 올바르지 못한 사람의 삶이 더 훌륭하고 올바른 사람의 삶이 훌륭하지 못하다는 두 번째 주장을 검토하기 시작한다. 올바른 사람은 저와 같은 사람에 대해서는 능가하려 하지 않으면서도, 같지 않은 사람에 대해서는 능가하려 하지만, 올바르지 못한 사람은 올바르지 못한 사람에 대해서도 올바른 사람에 대해서도 능가하려 한다는 것이 드러난다. 그렇다면 시가에 능한 사람과 시가를 모

르는 사람이 있을 경우에 시가에 능한 사람은 분별력이 있고 훌륭하나 시가를 모르는 이는 분별력이 없다고 말한다. 그러나 이렇게 시가에 능한 사람은 리라를 조율할 때 현을 죄거나 늦춤에 있어서 역시 시가에 능한 다른 사람을 능가하고자 하거나 능가할 자격이 있다고 여기지는 않음이 드러난다. 반면에 시가에 능하지 못한 사람에게는 능가하려 함이 인정된다. 그리고 전문지식이 있는 이는 지혜롭고 지혜로운 이는 훌륭함이 인정된다. 고로 훌륭한 이(올바른 이)는 자기와 같은 사람(올바른 사람)에 대해서는 능가하려 하지 않을 것이나 같지 않은 사람(올바르지 못한 사람)에 대해서는 능가하려 함이 드러난다. 여기서 올바른 사람은 지혜롭고 훌륭한 이를 닮았고, 올바르지 못한 사람은 못되고 무지한 이를 닮았다는 것이 논리적으로 도출되며 트라시마코스의 주장이 논파된다. 348a~350d

(10) 트라시마코스의 두 번째 주장에 대한 소크라테스의 반박 2: 다음으로 올바르지 못함이 올바름보다 더 유력하고 강하다고 했던 트라시마코스의 두 번째 주장에 대한 소크라테스의 반박이 이어진다. (9)에서 논의되었던 데로 올바름이 지혜이며 사람의 훌륭함이라면 올바름이 올바르지 못함보다 더 강할 것이 쉽게 드러날 것 같다고 한다. 올바르지 못한 나라가 있어서 다른 나라들을 부당하게 굴복하게 하여 예속화하고 실제로 그렇게 많은 나라를 속국화해서 갖고 있다는 데서 출발한다. 그러한 올바르지 못한 나라가 다른 나라보다도 강하게 될 그 나라가 올바름 없이도 그런 힘을 지닐 수 있게 되었는지 아니면 올바름을 갖추어야 되는지가 올바름은 지혜라는 이전 논의의 결론을 통해 올바름을 갖춰야만 하는 것으로 쉽게 귀결이 난다. 그렇다면 나라 같은 어떤 집단이 올바르지 못하게 뭔가를 공동으로 도모할 경우에 자기들끼리 올바르지 못한 짓을 저지른다면 그 일(다른 나라를 예속시키는 것과 같은 올바르지 못한 짓)을 도모하지 못할 것이 확인된다. 고로 자신들끼리는 올바르지 못한 짓을 저지르지 말아야 하며 이 올바르지 못함이 서로 간에 대립과 증오 및 다툼을 가져다주나 올바름은 합심과 우애를 가져다주기 때문임이 확인된다. 이로써 두 사람의 사이에서도 한 사람의 안에서도 올바르지 못함은 갈등이 생기게 되어 아무것도 해낼 수가 없도록 만들게 된다. 고로 올바르지 못한 이들은 아무것도 서로 어우러져 해낼 수가 없는 것으로 밝혀진다. 고로 일종의 올바름이라도 깃들어져 있어야 무엇이든 할 수 있으며 올바르지 못함이 한 개인 안에 깃들이게 되었을 때는 자기 자신에 대해서도 갈등이 생기게 하고 한 마음이 되지 못하게 함으로써 아무것도 해낼 수가 없도록 만들 것이며, 자기 자신에 대해서 그리고 올바른 사람들에 대해서도 적이 되게끔 만들고 말 것이라는 것으로 올바르지 못함이 올바름보다 유력하고 강하다는 논의는 논파된다. 351a~352b

(11) 트라시마코스의 두 번째 주장에 대한 소크라테스의 반박 3: 마지막으로 올바르지 못한 이들이 올바른 자들보다도 또한 더 훌륭하게 살며 더 행복하다는 것을 검토한다. 이 논의는 어떤 방식으로 살아가야 하는지에 관한 것이기 때문에 매우 중요하다고 말하며 신중하게 논의를 시작한다. 눈에 맞는 기능이 있고, 귀에 맞는 기능이 있는 것처럼 어떤 기능이 부여되어 있기도 한 각각의 것에는 훌륭한 상태 또한 있다는 것이 합의된다. 그렇다면 눈의 훌륭한 상태 또한 있고 귀의 훌륭한 상태 또한 있다. 그렇다면 그 특유의 훌륭한 상태에 의해서는 그 기능이 제 할 일들을 훌륭하게 수행하게 되지만, 나쁜 상태에 의해서는 나쁘게 수행하게 되는 것이라는 점이 합의된다. 또 그것이 자기의 훌륭한 상태를 빼앗겼을 때에는 자기의 기능을 잘못 수행하게 된다. 그렇다면 그 밖의 모든 것에 대해서도 같은 이치를 적용시킬 수 있으므로 혼(psyche)에는 돌봄, 잘 사는 것 등등의 기능이 있는데 이 혼에도 훌륭한 상태가 또한 있다고 말할 수 있게 된다. 그렇다면 혼이 고유의 훌륭한 상태를 빼앗기고도 자신의 기능을 훌륭하게 수행하지 못함은 자연스럽게 귀결된다. 그런데 앞의 (10)번 논의에서 한 사람에서의 올바름을 논의할 때 올바름은 혼의 훌륭한 상태 그리고 올바르지 못함은 혼의 나쁜 상태임에 이미 동의한 바 있다. 그렇다면 올바른 사람은 혼의 훌륭한 상태를 지녔으므로 그것의 고유한 기능인 잘 살게 될 것임이 필연적이고 올바르지 못한 사람은 혼의 훌륭하지 못한 상태를 지녔으므로 고유한 기능을 상실한 것이니 잘 살지 못하게 될 것이 필연적이게 된다. 그러니까 올바른 사람은 행복하고 올바르지 못한 사람은 불행하다는 것이 입증되며 트라시마코스의 주장이 논파된다. 352d~354a

### 마무리

소크라테스는 올바른 것이 도대체 무엇인지 알아내기도 전에 그것은 내버려 둔 채로 그것이 나쁨이며 무지인가 지혜이며 훌륭함인가에 대한 검토만 착수했다고 말한다. 그리고 올바르지 못함이 올바름보다도 더 이득이 된다는 주장에 반박하느라 올바름이 무엇인지 고찰하지 못하였다고 한다. 고로 올바름이 무엇인지 모르는 상황에서는 그것이 일종의 훌륭함인지 아닌지 그것을 지닌 자가 불행한지 행복한지 알게 될 가망이 거의 없을 것이라고 하며 1권이 마무리된다. 354b~354c

출처: e시대와 철학(http://ephilosophy.kr/han/809/).

# 4. 토론의 유형과 실제

## 1) 토론의 유형

토론은 일반적으로 교육적 목적으로 시행되는 '교육토론('아카데미토론'이라고도 함)', TV토론이나 패널토론 그리고 난상토론 등과 같이 실제 생활에서 행해지는 '현장토론'('응용토론', '자유토론'이라고도 함)으로 나뉜다.

일상생활에서 이루어지는 현장토론은 같은 편 토론자 사이에도 입장이 다를 수 있고 중간에 그 입장이 바뀔 수도 있다. 그리고 규칙이나 절차도 엄격하지 않고 승패를 분명하게 가르지도 않는다. 그래서 토론의 방법을 익히기 위해서는 상호대립적인 입장이 분명하며, 토론의 절차와 형식을 엄격하게 정하고 있어 토론의 본령에 해당하는 교육토론을 통해 그 방법을 익히는 것이 좋다. 우리는 토론이라는 용어를 지나치게 광범위하게 사용하고 있어서 그 범위를 좁혀 교육토론에 한정한다. 일상생활에서 이루어지는 현장토론은 교육토론의 방법을 숙지한 후에, 이를 현장토론의 방법에 맞게 응용하면 대처 가능하다.

교육토론은 일명 아카데미토론(academic debate)이라고도 하는데, 이는 토론교육을 목적으로 형식과 규칙을 엄격하게 적용한 토론 방식이다. 교육토론은 찬성과 반대의 입장이 분명하게 대립하고, 발언시간과 규칙이 엄격하게 정해져 있으며, 토론결과에 따라 승패의 판정이 내려진다.

교육토론은 발표순서와 시간을 엄격하게 제한한다. 그 이유는 토론자들에게 동등한 기회를 주기 위해서이다. 그렇게 하지 않으면 발언권을 얻지 못한 이들은 발언할 수 없게 되고, 특정 토론자가 발언을 지배하게 된다. 그리고 토론의 규칙이 사라지면 토론은 서로가 자기주장을 관철시키기 위해 고성을 지르고 떼를 쓰는 아우성의 장으로 전락할 것이다. 그래서 교육토론은 토론자들에게 발표순서와 시간을 엄격하게 제한한다.

교육토론은 토론자들이 찬성과 반대 입장 둘 모두 준비할 것을 요구한다. 토론교육의 목적은 어느 한 입장에서 상대팀을 깔아뭉개는 데 있는 것이 아니라, 찬반 양 입장을 충분히 알고 균형 잡힌 시각에서 판단과 결정을 내리는 훈련을 하는 데 있기 때문이다. 교육토론의 목적은 주장을 논리적으로 전개하는 과정을 통해 타인을 효과적으로 설득하는 능력을 습득하는 데에 있기 때문에, 토론자는 자신의 기본입장과 상관없이 두 입장을 모두 준비해야 한다고 밝힌다.

결국 교육토론의 목적은 토론자의 신념을 펼치는 데에 있는 것이 아니라, 다양한 입장에서 타인을 논리적으로 설득하는 능력과 균형 잡힌 시각을 갖게 하는 데에 있기 때문에, 토론자는 찬성과 반대 두 입장 모두를 준비해야 한다.

**알아 두기**

**자기 신념과 다른 입장에서 토론하기**

힐러리(Hillary)는 중학생 시절 아주 열렬한 공화당 지지자였다. 1964년 미국 대선이 있던 해에 선생은 힐러리에게 민주당 대통령 후보의 입장에서 토론을 해 보라고 시켰다. 힐러리는 처음에 반발했다. 그러나 힐러리는 토론을 열심히 준비하면서 공화당에서 민주당 쪽으로 마음이 기울었다고 한다. 상대방 입장에 서게 되면 상대방의 입장도 나름대로의 진실이 있다는 것을 깨닫게 된다. 이렇게 단 한 번의 토론이 평생의 운명을 바꾸어 놓을 만큼 중요한 역할을 할 수도 있다.

자기 신념과 다른 입장을 맡을 수도 있는 교육토론의 토론 방식을 비판하는 이들도 있다. 하지만 자기 신념에 반하는 자리에서 토론을 해 본 사람들은 이러한 토론 방법이 교육적 의미가 충분하다고 말한다. 자기는 그렇게 생각하지 않더라도 반대편 사람들이 왜 그런 주장을 하는지 어느 정도 공감하고 이해할 수 있었다고 말한다.

### (1) 링컨-더글러스식 토론

이 토론형식은 1858년 일리노이주 상원의원 선거캠페인 중 에이브러햄 링컨과 스테판 더글러스가 벌인 노예해방제도에 관한 토론에 기원을 둔 것으로, 양쪽 다 각기 한 사람이 토론에 참가하는 방식이다. 1:1토론의 형태를 취하고 있으며, 1980년 미국 전국 토론대회(NFA)에서 발표시간을 한정시킨 유형이 채택되면서 유행하기 시작했다. 1:1토론은 주장과 반박의 부담이 지나치게 토론자 한 사람에게 집중되어 교육현장 토론에서는 그다지 많이 채택되지 않는다.

### (2) 의회식 토론

1820년대 옥스퍼드와 케임브리지대학 학생회가 행하던 토론형식에 기초를 둔 것으로, 한쪽 팀이 2~3명으로 구성된다. 그중 각 한 명(여당 대표, 야당 대표)이 두 번의 발언기회를 갖고 다른 한 명(여당의원, 야당의원)은 한 번의 발언기회를 갖는다. 한쪽 팀이 세 사람일 때는 각 한 번씩의 발언기회를 갖는다. 토론 중에 인쇄된 자료나 증거를 사용할 수 없고, 토론 중간에 준비시간도 없다. 대신 토론 중 상대팀이 발언하는 동안 상대팀의 양해를 얻어 보충질의, 의장의 양해를 얻어 의사진행발언이나 신상발언 등을 할 수 있다.

의회식 토론의 가장 큰 특징은 논제가 대회 직전에 주어진다는 점이다. 토론 참가자들은 10~20분 전에야 논제를 알 수 있다. 그래서 이 토론은 평소에 다양한 상식을 접해 본 학생들, 토론을 충분히 연습해 본 학생들, 순발력 있는 학생들에게 유리하다.

### (3) 칼 포퍼식 토론

과학철학자인 칼 포퍼(Karl Popper)는 우리가 인식하고 있는 앎은 언제나 잠정적인 가설에 가깝기 때문에 우리는 완전한 진리에 도달하지 못한다고 보았다. 그래서 합리적인 비판을 통해서 오류를 줄이는 것이 진리에 가까이 가는 길이라고 생각했다. 포퍼의 이러한 견해를 기초로 '열린사회 연구소'와 '소로스 재단 네트워크'가 1994년에 만든 토론방식이 바로 칼 포퍼식 토론방식이다.

각 팀은 기본적으로 한 번의 입론 기회, 그리고 두 번씩의 확인질문과 반론 기회를 갖는다. 입론은 단 한 번에 그치지만, 확인질문과 반론에 입론의 두 배에 해당하는 시간을 할당하고 있는 것이다. 이러한 시간 배분에는 무엇을 주장하느냐보다는, 그 주장의 근거를 충분히 검토하겠다는 의도가 담겨 있다. 많은 주장을 하기보다, 적게 주장하더라도 충분히 검증된 주장을 하도록 하기 위해서 질문과 반론 시간을 길게 한 토론방식이 칼 포퍼식 토론이다.

### (4) CEDA식 토론

CEDA는 '상호질문형 토론협회(Cross Examination Debate Association)'의 약자이다. CEDA식 토론은 이 협회의 이름을 따서 '상호질문형 토론'이라고도 한다. CEDA식 토론은 미국에서 대학은 물론 중·고등학교에서도 많이 활용되고 있는 토론유형으로, 우리나라에서도 이 방식을 많이 채택하고 있다. 상호질문형 토론협회는 1947년에 창설되었던 미국의 '전국토론연맹'이 제시한 토론 방식을 비판하면서 1971년 미국에서 발족되었다. 이 협회는 전국토론연맹의 토론방식이 주장과 반박으로만 이루어져 있어서 토론자들이 각자 자신의 주장만 내세우고 상대팀의 말을 전혀 듣지 않는 토론이 이루어지고 있다고 비판했다. 상호질문형 토론협회는 이 점을 보완하여 토론자들끼리 원활한 의사소통이 가능하도록 상대팀이 주장한 내용에 대해 질문하는 시간을 넣어야 한다는 주장을 제기했다. 그리하여 상대팀이 질문하는 시간을 삽입하는 새로운 방식을 제시했는데, 이 방식이 바로 CEDA식 토론이다. 이 유형이 상대팀의 주장을 비판적으로 듣는 데 효과가 있다는 점이 입증되자, 1975년 미국의 전국토론연맹에서도 이를 수용하였다. 이로서 CEDA식 토론은 미국에서 널리 활용되는 토론 유형으로 자리를 굳혔다. CEDA식 토론은 입론, 상호확인질문, 반론으로 진행된다. 이 토론은 두 명이 한 팀을 구성하며, 엄격한 규칙에 따라 진행된다. 토론의 순서와 시간은 다음과 같다.

| | | |
|---|---|---|
| ① 찬성팀 첫 번째 토론자의 입론 | 5분(10분) | 각 팀당 숙의시간 5분 |
| ② 반대팀 두 번째 토론자의 확인질문 | 3분(3분) | |
| ③ 반대팀 첫 번째 토론자의 입론 | 5분(10분) | |
| ④ 찬성팀 첫 번째 토론자의 확인질문 | 3분(3분) | |
| ⑤ 찬성팀 두 번째 토론자의 입론 | 5분(10분) | |
| ⑥ 반대팀 첫 번째 토론자의 확인질문 | 3분(3분) | |
| ⑦ 반대팀 두 번째 토론자의 입론 | 5분(10분) | |
| ⑧ 찬성팀 두 번째 토론자의 확인질문 | 3분(3분) | |
| ⑨ 반대팀 첫 번째 토론자의 반론 | 4분(5분) | |
| ⑩ 찬성팀 첫 번째 토론자의 반론 | 4분(5분) | |
| ⑪ 반대팀 두 번째 토론자의 반론 | 4분(5분) | |
| ⑫ 찬성팀 두 번째 토론자의 반론 | 4분(5분) | |

### (5) 각 토론의 장단점

먼저 '링컨-더글러스식 토론'은 1:1로 진행되기 때문에 토론자 개인의 능력을 키우는 데에는 도움이 된다. 그러나 이 토론은 토론자의 부담이 많고 팀워크를 훈련하는 데에도 좋지 않다.

다음으로 '의회식 토론'은 10~20분 전에야 논제를 공개하기 때문에 토론자들의 상식이나 순발력을 키우는 데에는 도움이 된다. 그러나 논제 분석의 시간이 거의 없고, 자료조사 · 논거카드 · 토론 개요표 작성 등과 같은 준비를 할 수 없기 때문에, 논제를 깊이 있게 토론할 수 없다.

다음으로 '칼 포퍼식 토론'은 상대팀 주장의 근거를 치밀하게 검증하는 능력을 키우고, 역으로 책임 있는 주장을 유도한다는 이점이 있다. 그러나 입론이 제한되어 있어 논제의 다양한 측면을 다각적으로 조명하는 데에는 한계가 있다.

마지막으로 CEDA식 토론은 4차례의 입론과정에서 논제의 다양한 측면을 조명할 수 있다. 상대팀 입론의 오류와 문제점을 집중적으로 부각시키는 4차례의 확인질문을 통해 토론자는 순발력을 키울 수도 있다. 4차례의 반론을 통해 상대팀의 주장을 논파하고 자기팀 주장의 타당성을 입증하는 능력 역시 키울 수 있다. 논제가 미리 공개되기 때문에 토론준비를 충실하게 할 수 있다는 이점도 있다. 그래서 CEDA식 토론은 대학생의 토론능력을 향상시키는 데 효율적인 토론방식이라고 할 수 있다. 그러나 CEDA식 토론은 상대팀 논점이나 논거를 반박하는 반론에서 끝나기 때문에, 토론이 격앙된 상태에서 끝나기 쉽다. 그리고 팀의 입장을 효과적으로 정리하는 최종발언 시간이 없기 때문에, 청중들에게 전하고자 하는 바를 마무리 부분에서 선명하게 각인시키는 데에도 어려운 점이 있다.

## 알아 두기

**토론에 입하는 자세**

1. 나의 비판은 다른 사람을 향한 것이 아니라 다른 사람의 견해를 향한 것이다. 바꾸어 말하면, 타인의 비판은 나를 향한 것이 아니라 나의 사람의 견해를 향한 것이다.
2. 나의 목표는 토론에서 이기는 것이 아니라 가장 바람직하고 실현 가능성이 큰 결론을 얻는 것이다.
3. 나는 모든 친구들이 토론에 참여할 수 있도록 격려하면서 나 자신도 토론을 통해서 배운다.
4. 설사 동의할 수 없는 의견이라고 해도 모든 학생들의 의견에 귀를 기울인다.
5. 누군가 자신의 생각을 충분히 표현하지 못했다는 생각이 들 때에는 최대한 그에게 다시 말할 수 있는 기회를 주고 그를 이해하려 노력한다.
6. 다른 사람의 견해를 비판하기 전에 먼저 모든 의견을 충분히 경청한다.
7. 토론을 통해 내가 변화해야 한다는 명백한 증거가 발견되었을 때는 기꺼이 자신을 변화시킨다.

## 2) 토론의 실제: 논제 – 체벌교육은 폐지되어야 한다.

### (1) 찬성팀 토론자의 입론

(토론 이유와 사회적 배경) 한국적 교육 현실에서 학교의 역할은 지배적입니다. 그 때문에 학교 안에서 일어나는 여러 가지 문제들이 '교육'이라는 명분으로 은폐되고 있습니다. 그중 오랫동안 사회문제로 부각되고 있는 체벌 역시 그러한 문제 중의 하나입니다.

(개념 정의) 체벌이란 '교사가 물리적 도구나 손과 발 등 신체의 일부를 이용해 학생에게 신체적·정신적 고통을 주는 행위'를 의미하는 벌의 하위개념 중 하나입니다.

(논점과 논거 제시) 저희 팀에서는 다음 세 가지 이유로 체벌은 폐지되어야 한다고 생각합니다.

첫째, 체벌은 폭력성을 내장하고 있습니다. 체벌이 교육 현장에서 '사랑의 매'라는 이름으로 통용되고 있지만, 그 행위는 육체적 폭력, 더 나아가 심각한 정신적 폭력까지 유발할 가능성을 지니고 있습니다. 부산일보의 인터뷰(〈체벌에 중독된 교사〉)에서 한 교사는 "이게 아닌데 하는 생각이 들었지만 멈출 수 없었다", "체벌에 중독된 것 같다"는 증언을 했습니다. 폭력에 익숙해지고 무감각해진 우리의 교육 현장은 더욱 강한 형태의 또 다른 체벌을 유발하며, 더 나아가 폭력을 학습하게 하는 사회적 악순환을 유발하고 있습니다.

둘째, 체벌은 지속적 효과가 없습니다. 체벌을 가하는 교사는 체벌을 받는 학생이 잘못을 뉘우치고 행동이 변화되기를 바랍니다. 그러나 우리는 이 과정에서의 행동 변화에 지속성이 없다는 점에 주목해야 합니다. 미국의 심리학자 스키너(Sknner)는 '조작적 조건화 이론'을 통해 체벌은 단지 일시적으로 행동을 억제시킬 수 있으며, 바람직하지 못한 행동을 제거하는 데에는 효과적이지 못하다는 것을 밝혔습니다. 이 같은 결과는 체벌이 교육의 수단으로 이용되더라도 큰 의미를 갖지 못함을 증명합니다.

셋째, 체벌이 아닌 대안 처벌을 통해 잘못을 바로 잡아야 합니다. 여기서 제시하는 대안 처벌은 학생의 잘못에 대한 '벌'을 의미하는 것이 아닙니다. 대안 처벌의 한 예로 봉사활동을 들 수 있습니다. 봉사활동은 처벌을 받는 학생에게는 귀찮은 일로 인식될 수도 있습니다. 그러나 이런 활동이 진행되는 과정에서 학생 스스로 봉사활동의 사회적 의미 및 기여를 깨우칠 수 있고, 이 과정을 통해 학생들의 행동 변화가 일어날 수 있습니다. 그리고 이 대안 처벌 중 하나인 봉사활동은 이미 그 필요성을 입증받았습니다. 건국대 행정대학원 사회복지학과 박정희 씨가 체벌 대신 시행될 '대안 처벌 종류의 선호도'를 조사한 결과, 봉사활동에 대해 교사와 학부모, 학생 모두가 50% 이상(교사 56%, 학부모 52%, 학생 46%)의 선호도를 보였습니다. 이러한 사실은 봉사활동이 대안 처벌로 시행됨에 있어서 큰 의미가 있음을 입증해 줍니다.

(기대효과) 체벌을 대안 처벌 등으로 대체함으로써, 교사와 학생 간의 인격적 관계 형성을 바탕으로 교육 효과를 높일 수 있습니다.

### (2) 반대팀 토론자의 확인질문

찬성팀에 대한 확인질문 시작하겠습니다.

“체벌에는 효과가 없다고 하셨죠?” → “지속적인 효과가 없다고 했습니다.”

“일시적 효과는 있다는 것인지요?” → “네.”

“이 부분에 대해서는 반론에서 적극적으로 의견을 개진하도록 하겠습니다.” “다음 질문입니다.”

“수업현장에서 교권이나 다수 학생들의 학습권은 중요하다고 생각하지 않습니까?” → “네, 중요하다고 생각합니다.”

“다만, 체벌당하는 학생의 인권도 … ”

(답변을 끊으며) “네, 잘 알겠습니다.”

“학습권에 대해서도 입론과 반론에서 의견을 개진하도록 하겠습니다.” “다음 질문 드리겠습니다.”

“대안 처벌 선호도 조사에서 학생들의 선호도는 몇 퍼센트였습니까?” → “46%였습니다.”

“학부모, 학생 모두가 50% 이상의 선호도라고 했는데, 학생들은 50%를 넘지 않은 것이네요?” → “네, 넘지 않았습니다.” “정정하겠습니다.”

(이하 생략)

### (3) 반대팀 토론자의 입론

반대팀 입론을 시작하겠습니다.

(개념 재정의) 찬성팀에서는 체벌을 '교사가 물리적 도구나 손과 발 등 신체의 일부를 이용해 학생에게 신체적 · 정신적 고통을 주는 행위'라는 관점에서 정의하고 체벌을 부정적으로 보았습니다. 이에 맞서 저희 팀에서는 '체벌은 교육 효과가 높은 교육 수단이다'라는 전제하에, 체벌을 '학업이 부진하거나 금지된 일을 하였을 때 신체적 고통을 주는 벌을 가함으로써 격려하거나 비행을 교정하는 행위'라는 측면에서 체벌에 대한 입론을 펼치도록 하겠습니다.

(논점과 논거) 저희 팀에서 '체벌교육은 폐지되어야 한다'는 논제에 반대하는 이유는 다음 세 가지 이유 때문입니다.

첫째, 체벌은 잘못된 행동의 통제수단이며 지속적인 효과가 높습니다. 교육학자 페스탈로치(Pestalozzi)는 가장 단순한 방법으로 확실하고 빠르게 어떤 목표로 이끄는 데 체벌이 필요하다고 인정했습니다. 사랑의 교사로 알려져 있는 페스탈로치가 매를 들지 못하는 교사는 아이들의 영혼을 가꾸는 어버이로서의 자격을 갖추지 못한 교사라고 한 것이 놀랍지 않습니까? 체벌에는 학생들에 대한 사랑의 마음이 담겨 있으며, 이러한 체벌을 통해 수업을 효과적으로 진행할 수 있습니다.

둘째, 체벌은 현재와 같은 과밀 학급의 질서유지에 효과가 높습니다. 효율적이고 쾌적한 학교 환경을 만들려면 질서가 필요합니다. 체벌은 이러한 질서유지에 도움이 됩니다. 특히나 현재의 학급은 한 반의 학생이 많아서 담임교사 한 명이 학생들을 일일이 관리하기에는 무리가 따릅니다. 이때 간접적인 통제 방법이 필요한데, 그 대표적인 통제 방법이 바로 체벌입니다. 만약 체벌과 같은 강력한 통제 방법이 없다면 학급은 통제 불능의 상태가 되고 말 것입니다. 그리고 다른 학생들이 학습에 몰입할 수 있는 학습권도 심각하게 침해받을 위험이 있습니다. 체벌은 일부 학생들의 비행을 간접적으로 통제하는 효과를 높일 수 있는 방법입니다.

셋째, 체벌은 교사의 권한입니다. 「초중등교육법」 18조 1항을 보면 "학교의 장은 교육상 필요한 때에는 법령 및 학칙이 정하는 바에 의하여 학생을 징계하거나 기타의 방법으로 지도할 수 있다."는 내용이 있습니다. 여기서 '기타의 방법'이란 말속에 체벌도 들어갈 수 있습니다. 즉, 체벌을 교사의 책임을 수반하는 교육적 '권한'으로 인정하고 있습니다. 교사는 교사로서의 이 권한을 가지고 학급을 바르게 이끌어 갈 의무가 있습니다. 교사가 이 권한을 남용할지도 모른다는 점에 대해서 우려를 표할 수도 있습니다. 그러나 교사는 여러 교육과정을 거쳤고 체벌이 필요한 적절한 시기와 정도에 대한 판단력과 분별력을 갖추었기에 이 권한을 책임감을 갖고 적절히 수행할 것입니다. 교사가 자율성을 갖고 자신의 책무를 이행할 수 있도록 이 권한을 인정해 주어야 할 것입니다.

(기대효과) 체벌을 인정해 줌으로 인해 학교 현장은 학습에 몰두할 수 있는 그 본연의 분위기를 형성할 수 있을 것입니다.

### (4) 찬성팀 토론자의 확인질문

반대팀에 대한 확인질문 시작하겠습니다.

"체벌을 통해 학생의 비행이 일시적으로 교정되었다고 하여, 그것을 학생의 진정한 반성행위로 볼 수 있을까요?" → "네, 반성했다고 봅니다."

"아니죠, 그것은 강압에 일시적으로 굴복한 것일 뿐이죠." "이 부분에 대해서는 반론에서 반박하도록 하겠습니다." "다음 질문입니다." "교사들의 교권이 중요하다고 하셨는데, 학생들의 인권도 중요하다고 생각하지 않습니까?" → "네, 중요하다고 생각합니다." "다만 학교의 질서 유지를 위해서는 교사의 교권이… "

(답변을 끊으며) "네, 잘 알겠습니다." "다음 질문 드리겠습니다." "교사가 판단력과 분별력을 갖추었기에 체벌을 적절히 사용할 수 있을 것이라고 하였는데, 교사도 사람이기에 감정적이 될 수 있고 적정 시기와 정도 판단에 있어 착각할 소지가 있지 않을까요?" → "물론, 그렇게 될 수도 있습니다."

(이하 생략)

### (5) 반대팀 토론자의 반론

찬성팀 입론에 대해 반대팀의 반론을 시작하겠습니다.

첫째, 찬성팀에서는 체벌이 폭력성을 내장하고 있다고 했습니다. 하지만, 체벌은 사랑의 매로, 교사가 자율성을 갖고 지신의 책무를 이행할 수 있는 한 방법이며, 교육적 효과를 극대화하는 방법이 될 수 있습니다. 그리고 일부 학생들로 인해 피해를 입는 다수 학생들의 학습권을 보장하는 방법이 될 것입니다. 설혹 그것이 폭력성을 내장하고 있다고 하더라도, 그 현장이 학교라고 한다면 무엇보다 학급 분위기를 저해하는 학생들을 통제하여 학습권이 먼저 보장되어야 할 것입니다.

둘째, 찬성팀에서는 체벌이 지속적 효과가 없다고 했습니다. 그러나 체벌은 즉각적인 효과가 있습니다. 체벌이 일시적인 효과가 있다는 점에 대해서는 찬성팀에서도 인정을 했습니다. 일시적인 효과라고 하더라도 그것은 효과임에 틀림없습니다. 체벌이 지속적인 효과가 없다고 하더라도, 문제가 발생할 때마다 즉시 대처가 가능한 방법이기 때문에, 체벌은 교육현장에서 수업의 효율성을 높이는 방법으로 계속 유지되어야 합니다.

셋째, 찬성팀에서는 체벌이 아닌 대안처벌을 강조하였습니다. 그리고 그 예로 봉사활동을 들었습니다. 그러나 봉사활동을 통하여 학생들의 잘못이 교정될 수 있을지 의문스럽습니다. 봉사활동을 통해 진정으로 자신의 행위를 반성하여 행동을 변화시키기보다는 오히려 그것을 귀찮은 일로 인식하여, 그 시간을 시간 때우기로 수용할 가능성이 더 크다고 생각합니다. 수업현장에서 학생들의 잘못을 바로잡을 방법으로 요구되는 것은 봉사활동이 아니라 보다 즉각적이고 효율적인 체벌이라고 생각합니다.

### (6) 찬성팀 토론자의 반론

지금부터 찬성팀에서 반론을 시작하겠습니다.

첫째, 반대팀에서는 체벌이 지속적 효과가 높다고 했습니다. 그러나 저희 팀에서 입론에서 든 스키너의 '조작적 조건화 이론'에 의하면, 체벌은 단지 일시적으로만 행동을 억제시킬 수 있었습니다. 그리고 경남대 교육대학원에서 실시한 '중·고등학교에서의 학생체벌에 대한 부모와 자녀의 인식 비교 조사'에 따르면 체벌로 인한 행동개선 여부에 대해 효과가 없다고 대답한 응답자 수가 약 52%, 더 나빠지는 경우가 많다고 대답한 응답자 수는 약 36%로 체벌 효과에 부정적인 의견이 지배적이었습니다. 이를 통해 볼 때, 체벌은 지속적 효과가 없습니다. 체벌은 일시적 효과만 거둘 뿐, 학생의 반성을 이끌어 내지 못하고, 오히려 반감만 증폭시킬 뿐입니다. 지속적인 효과를 바란다면, 체벌이 아니라 학생들이 자신의 잘못을 진심으로 반성할 수 있는 대안 체벌 개발이 필요합니다.

둘째, 반대팀에서는 '체벌이 현재와 같은 다인수 학급의 질서 유지에 효과가 높다'고 했습니다. 그러나 질서유지와 간접적인 통제의 효과를 높이기 위해서는 체벌이 남용될 경우, 어떠한 분위기가 학급을 지배하게 될까요? 학급은 공포분위기가 지배하게 될 것입니다. 감정적인 체벌은 폭력으로 변질되기 쉽습니다. 페스탈로치가 인정한 체벌은 사실 어버이와 같은 사랑이 뒷받침된 것이어야 하는데, 교사가 그런 마음을 유지하면서 체벌을 가한다고 보기는 어렵습니다. 이때 체벌은 학생들에게 인지적 정서적 측면에서 부정적인 영향을 미치게 될 것이고, 이것은 폭력을 학습하게 하여 폭력을 조장하는 좋지 않은 결과를 낳게 할 것입니다. 또한 교육은 교사와 학생 간의 믿음을 바탕으로 한 상호교류의 차원에서 이루어져야 하는데, 체벌이 지배하는 그 학급에서는 이러한 신뢰를 바탕으로 한 교육을 찾기 어려울 것입니다.

셋째, 반대팀에서는 '교사는 교사로서의 권한을 가지고 학급을 바르게 이끌어 갈 의무가 있다'고 주장하며, 체벌을 교사의 권한으로 보고 있습니다. 그러나 교권이 학생의 인권보다 우선시될 수는 없습니다. 더군다나 그 권리가 폭력행사와 관련된 것이라면 그러한 권리 행사는 신중을 기해야 합니다. 교사가 여러 교육과정을 거쳤고 체벌이 필요한 적절한 시기와 정도에 대한 판단력과 분별력을 갖추었다고 하셨는데, 교사도 사람이기에 체벌을 가하는 과정에서 감정적이 될 수 있고 적정 시기와 정도 판단에 있어 문제 발생의 소지가 있습니다. 교권 못지않게 학생들의 인권도 중시되어야 합니다.

### (7) 반대팀의 최종발언

(팀의 입장, 논점) 지금까지 저희 팀에서는 체벌이 잘못된 행동의 통제수단이며, 현재와 같은 다인수 학급의 질서유지에 효과가 높다는 점, 체벌이 교사의 권한이라

는 점 등을 통해 체벌이 교육의 수단이 되어야 한다는 점을 주장하였습니다.

(상대팀의 허점) 찬성팀의 주장은 학생들 학습권의 중요성, 체벌의 효과(일시적인 효과도 효과이며 체벌이 문제가 발생할 때마다 즉시 대처가 가능한 방법이라는 점), 대안 체벌의 비효율성 등의 문제를 간과하고 있습니다.

(상대팀의 반론과 여기에 대한 자기 팀의 입장, 문제해결) 그리고 찬성팀에서는 대안 체벌 개발의 필요성, 교사와 학생 간의 믿음을 바탕으로 한 상호교류의 차원의 교육 필요성, 학생들 인권의 중요성을 반론에서 강조했습니다. 그러나 대안 체벌, 믿음을 바탕으로 한 교육, 학생들 인권 이전에 학교가 학습현장이라는 측면에서 무엇보다 학습권이나 이러한 학습권을 최대화할 수 있는 교사의 교권이 중시되어야 할 것입니다. 그래서 저희 팀의 주장대로 한다면, 학교는 학생들의 학습권을 보장하는 그 본연의 모습을 회복할 수 있을 것이라고 생각합니다.

(마무리) 많은 논란과 비판이 있어 왔음에도 불구하고 체벌은 여전히 '사랑의 매'입니다. 체벌은 그 사랑을 바탕으로 비행을 교정하는 행위이며 교육 효과가 높은 교육 수단입니다. 그래서 체벌은 계속 유지되어야 한다고 주장합니다. 감사합니다.

### (8) 찬성팀 첫 번째 토론자의 최종발언

(팀의 입장, 논점) 지금까지 저희 팀에서는 체벌이 지닌 폭력성, 체벌 효과의 비지속성, 대안 처벌의 중요성을 들어 체벌이 결코 교육의 수단이 될 수 없음을 주장하였습니다.

(상대팀의 허점) 반대팀의 주장은 체벌이 폭력을 학습하게 한다는 점, 학급을 공포분위기로 만든다는 점, 교사도 사람이기에 감정적이 될 수 있고 적정 시기와 정도 판단에 있어 문제 발생의 소지가 있다는 점, 교권 못지않게 학생들의 인권도 중시되어야 한다는 점 등을 간과하고 있습니다.

(상대팀의 반론과 여기에 대한 자기 팀의 입장, 문제해결) 그리고 반대팀에서는 반론에서 폭력성보다는 학습권을 강조하였고, 체벌이 문제가 발생할 때마다 즉시 대처가 가능한 방법이라는 점을 부각시켰고, 대안 체벌의 효율성에 대해 의문을 제시하였습니다. 그러나 학습권이 체벌의 폭력성보다 선행되어야 한다고 볼 근거는 없으며, 장기적인 관점에서 실행되어야 할 교육을 임시방편에 불과한 체벌로 대응해 가는 데에는 한계가 있습니다. 또한 봉사활동과 같은 대안 체벌은 체벌과 같은 전근대적이고 억압적인 방법이 아니라 학생들이 자발적으로 뉘우치고 학생들의 변화를 이끌어 낼 수 있는 민주주의 시대에 부합하는 방법이라고 생각합니다. 그래서 저희 팀의 주장대로 한다면, 수업현장에는 신뢰를 바탕으로 한 교사와 학생들의 상호작용이 증진되고, 개성과 창의성이 중시되는 21세기에 걸맞는 학생들이 양성될 수 있을 것이라고 생각합니다.

(마무리) 체벌은 학생의 인권을 훼손하는 폭력을 지니고 있음에도 불구하고 여전히 '사랑의 매'라는 이름으로 합리화되고 있습니다. 그러나 체벌과 같은 비교육적인 교육 방법은 전면 금지되어야 합니다.

## ■ 토론 개요서

<table>
<tr><td>논제</td><td colspan="2"></td></tr>
<tr><td>배경 상황</td><td colspan="2"></td></tr>
<tr><td>입장</td><td colspan="2"></td></tr>
<tr><td>공유점</td><td colspan="2"></td></tr>
<tr><td rowspan="5">입론</td><td>주장</td><td></td></tr>
<tr><td>핵심 개념</td><td></td></tr>
<tr><td>논점</td><td></td></tr>
<tr><td>논거</td><td></td></tr>
<tr><td>기대효과</td><td></td></tr>
<tr><td rowspan="2">상호 질문</td><td>예상 질문</td><td></td></tr>
<tr><td>답변</td><td></td></tr>
<tr><td rowspan="2">반론</td><td>예상 반론</td><td></td></tr>
<tr><td>대책</td><td></td></tr>
</table>

# PART 3

# 프레젠테이션

## 학습목표

1. 프레젠테이션의 의미와 정의를 알게 된다.
2. 프레젠테이션의 유형을 알고, 각 유형의 특질을 알게 된다.
3. 프레젠테이션의 준비단계 요소들을 파악할 수 있게 된다.
4. 프레젠테이션의 실행단계 과정을 익히게 된다.
5. 프레젠테이션을 실행할 수 있게 된다.

대학생활에서 개별 과제, 리포트, 발표, 팀워크, 팀플레이 등은 우리가 자주 접하는 단어들이다. 이 장에서는 대학에서의 프레젠테이션에 대해 말하고자 한다. 여러분들이 이 장에서 프레젠테이션을 잘 배운다면, 졸업 후 직장생활에서 프레젠테이션을 할 경우에도, 이를 기반으로, 보다 정교하고 유연하게 프레젠테이션을 할 수 있을 것이다.

## 1. 프레젠테이션의 의미

프레젠테이션(presentation)의 사전적 의미는 '시청각 자료를 활용하여 사업 따위의 계획이나 절차를 구체적으로 발표하는 활동'이다. 그러면 영어의 단어를 보자. 이 단어는 present와 -ation 이란 동작 · 결과 · 상태를 나타내는 접미사로 이루어져 있다. 이렇게 볼 때, presentation은 상대방에게 선물을 주는 행위 혹은 그러한 상태를 의미한다. 그러면 선물은 어떻게 주어야 하고, 어떤 선물을 주어야 하고 언제, 어디서 주어야 하는지, 그리고 선물 포장은 어떻게 해야 하는지를 안다면 더욱더 멋진 선물이 될 것이다.

더구나 present는 gift와는 의미가 사뭇 다르다. present는 gift보다 비격식적이다. gift는 주는 이가 받는 이보다 높은 위치에 있다. 이에는 은혜, 축복이라는 뉘앙스가 있다. 우리는 하늘로부터 각자의 재능을 부여받는다. 이 경우 gift를 사용한다. 그러나 반면에 present는 동등한 위치의 친밀한 사람들끼리 주고받거나 아랫사람이 윗사람에게 드린다는 의미가 강하다. 같은 위치에서, 아니 오히려 자신을 낮추어 공손히 선물을 드리는 것이 present의 의미이니, present-ation은 이러한 겸손의 의미를 내포하고 있는, 그러나 격식이 없이 자연스러움이 묻어 나는 행동이라고 할 수 있다.

프레젠터가 프레젠테이션을 할 때, 우리는 다음과 같은 몇 가지 규칙을 가지는 것이 진행을 자연스럽게 한다. 즉, 'what: 선물을 받는 사람은 어떤 선물을 받길 원하는가? when: 언제, where: 어디서, how: 어떻게 전달하면 좋을까'를 미리 계획을 세워 놓아야 한다. 그리고, 'for whom: 이 선물은 누구를 위한 것이며, who: 누가 건네는 것이며, why 왜 이 선물을 하는가'이다.

선물은 주는 이의 자세도 중요하지만, 선물의 내용은 아주 중요하다. 프레젠터는 공손한 자세로, 그리고 틀림없이 받는 이의 마음에 들어야 한다는 세심함으로 프레젠테이션을 해야 한다. 그리고 무엇보다도 받는 이에게 부담이 되지 않아야 하고, 시간을 투자해서 얻을 만한 가치가 있어야 한다.

따라서, 프레젠테이션은 프레젠터가 청자에게 선물을 하는 마음으로, 선물에 대해 많이 고민하고 가장 필요한 선물을 청자에게 건네야 한다. 또 present는 사람들이 보거나 검토하도록 제시, 제출한다는 의미도 있다. 여러분은 자신이 최선을 다해 만든 선물을 다른 사람들에게 건네고, 그 선물에 대해 검토받을 준비도 되어 있어야 한다. 그래야 모든 선물의 주고받음 곧, 프레젠테이션이 끝난다.

# 2. 프레젠테이션의 정의

프레젠테이션의 사전적 정의는 '시청각 자료를 활용하여 사업 따위의 계획이나 절차를 구체적으로 발표하는 활동'이다. 따라서 이는 '발표'와는 구별된다. 발표라고 하면 한 사람이 나와 다수의 사람에게 어떤 사실이나, 결과, 자신의 의견이나 생각 등을 알리는 행위이다. 그러나 프레젠테이션이라 할 때 이에는 '시청각적 자료'가 들어간다. 물론 발표에서도 시청각적 자료를 활용하기도 하지만, 프레젠테이션은 시청각적 자료를 기본으로하여 어떤 사실이나 결과, 작품 따위를 설명하거나 제안하거나 자신의 주장을 설득력 있게 펼치는 것이다. 그러므로 프레젠테이션은 발표보다는 입체적이다. 여기에는 프레젠터의 다양한 연기, 연출도 들어간다.

'미생'이라는 드라마가 있었다. 여기에서 주인공 장그래는 프레젠테이션을 하면서, 직접 발로 뛰면서 땀으로 결실을 맺는 과장님의 다 해어진 구두를 가지고 나온다. 이러한 퍼포먼스가 감동을 주는 것이 프레젠테이션이다. 특히 설득형 프레젠테이션일 경우, 이러한 감동은 바로 청자들의 마음을 울려, 프레젠터의 주장에 동의를 하고, 적극적으로 받아들이는 형태로 나타난다.

시청각 자료를 활용하기에 프레젠테이션은 발표보다 한결 역동적으로 청중의 감각을 두드리며 영감을 일으킨다. 그리고 시청각적 자료는 한 장면에 많은 사실을 내포하기에, 자칫 지루함에 빠지기 쉬운 청중들의 의식의 눈을 깨운다.

프레젠테이션은 그 종류에 따라 약간씩 정의가 달라질 수 있다. 그러면 이제 프레젠테이션의 유형에 대해 알아보기로 하자.

# 3. 프레젠테이션의 유형

## 1) 스토리텔링 프레젠테이션

스토리텔링 프레젠테이션은 한 개인이 자신의 신념이나, 어떤 대상에 대한 자신의 견해, 혹은 한 단체를 대표한 자신의 소신을 이야기 형식으로 말하는 것으로, 한 개인의 삶의 여정을 상징하여 전개되기도 한다.

스토리텔링은 그야말로 story와 telling의 합성어이다. 곧 '스토리가 있는 말하기'라고 할 수 있다. 그러면 이에는 스토리의 속성과 말하기의 속성이 있어야 한다.

스토리의 속성 중에는 흥미와 즐거움이 있다. 심리학에 '뮌하우젠 증후군(Münchausen syndrome)'이라는 특이한 증상이 있다. 카를 프리드리히 뮌하우젠(Karl Friedrich Münchausen) 백작은 18세기 독일 낭만주의에 흠뻑 물들어 있던 전형적인 한량이었다. 그는 자기 집 정원에 사람들을 모아 놓고 자신의 무용담을 이야기하기 시작했다. 그의 무용담은 사람들을 사로잡아, 이를 흥미 있게 여긴 루돌프 라스페(Rudolf Raspe)는 그를 소재로 『허풍선이 뮌하우젠 백작의 놀라운 모험』이라는 이야기책을 출판했다.

이처럼 이야기는 사람들의 높은 흥미를 끈다. 나중 영국의 의사였던 리처드 애셔(Richard Asher)는 환자가 사람들의 관심을 끌기 위해 병을 과장되게 꾸며 내는 것을 뮌하우젠 증후군이라 이름하였다.

스토리텔링 프레젠테이션은 스토리가 있음으로써 사람들의 호기심을 끌어당긴다. 물론 이는 이야기가 가지는 정밀한 구조에서도 기인한다. 이 이야기 구조는 희곡, 시나리오, 소설에 보편적으로 사용되는 구조이기도 한 5단계 구성일 수도 있고, 혹은 3단 구성, 4단 구성일 수도 있다.

스토리텔링 프레젠테이션을 할 경우, 이야기 구조를 가지면 청중의 몰입도를 높일 수 있다. 그것은 이야기 구조 자체가 몰입을 유도하기 때문이다. 물론 스토리텔링 프레젠테이션에서의 생명은 그 스토리에 담겨 있는 내용이다. 이 내용을 이야기 구조라는 그릇에 담아, 시청각적인 효과, 즉 유약을 바르고 음각을 더하고 색채를 입혀 청중에게 선물하는 것이 스토리텔링 프레젠테이션이다. 그러면 스토리텔링 프레젠테이션에 있어 주요한 요소인 스토리의 구조에 대해 우선 알아보자.

다음은 일반적으로 사용되는 5단계 구성법이다.

### (1) 발단

오늘 인문학 특강에서는, 심리학에서 중요하게 다루어지는 '내 마음의 어두운 동반자인 그림자'에 대하여 말씀드리겠습니다.

### (2) 전개

그림자는 내가 알고 싶지 않은 내 마음의 어두운 그림자입니다. 자신은 결코 자신에게 그런 치사하고, 무지하고, 소갈머리 없는, 비열하기 짝이 없는 그림자가 존재하리라고는 생각하지 못하지요. 자신은 누구보다도 도덕적이고 깨끗한 사람이라고 생각합니다. 그런데 이렇게 자신이 정직하고 깨끗하며 윤리적 도덕적이라고 찰떡같이 믿는 사람일수록 자기 그림자는 검은 콜타르처럼 끈적이고 짙다고 합니다.

### (3) 위기

무서운 것은 그림자의 속성이 투사라는 것입니다. 우리가 만일 그림자를 인식하고 다루는 방법을 모른다면, 일상생활에서 그림자는 나도 모르게 불쑥불쑥 튀어나와 다른 사람에게 투사될 것이며, 종국에는 내 자아가 그림자에 조정되는 상황에까지 가게 됩니다. 이럴 경우, 나는 본능대로 움직이는 사람이 됩니다.

### (4) 절정

그래서 타인들이 자신의 적 같고, 자신을 미워하는 것 같고, 못마땅하고, 안 미더워 보입니다. 그리고 불쑥 이런 말을 자주 하게 됩니다. “내가 당신을 미워하는 것이 아니라, 당신이 나를 싫어하는 것 같아 그럽니다.” 등으로 말입니다.

급기야는 “당신, 나 욕했지?”라고 싸우게 됩니다. 이럴 경우, 상대방이 아무리 부인해도 전혀 먹혀 들어 가지 않습니다. 왜냐면 자신은 틀림없이 상대방이 자신을 욕했다고 믿고 있기 때문입니다. 이럴 때 그는 증거를 댈 수 있을 정도로 확고하게 상대방이 자신을 욕했다고 믿는 것입니다.

### (5) 결말

이 모든 것이 무의식에 있는 그림자의 투사 때문입니다. 때문에 우리가 자신의 어두운 그림자를 투사하여 상대방에게 덮어씌워 갈등을 만들기를 원하지 않는다면, 자신의 그림자를 들여다보는 심리적 역동에 대해서 공부하고 힘든 수련을 하여야 합니다.

앞의 예에서 보듯이 프레젠테이션에서는 반드시 갈등이 고조되는 장면이 있어야 한다. 그래야 청중도 긴장하게 되고, 이야기는 그 갈등의 원인을 알고 푸는 것으로 결말이 나게 된다. 즉, 한 단원의 막이 내리게 되는 것이다.

예 1

다음의 글은 스티브 잡스(Steve Jobs, 1955~2011)의 스탠퍼드 대학교 졸업식 연설이다. 스티브 잡스는 프레젠테이션의 대가로 유명했다. 이 연설에서 그는 자신의 인생을 진솔하게 이야기하면서 많은 이들의 가슴을 울렸다.

## Steve Jobs' Stanford University Commencement Speech

2005년 6월 12일. 스탠퍼드 대학교 졸업식 연설

첫 번째는 점들의 연결에 관한 이야기입니다.

전 리드 대학에 입학한 지 6개월 만에 자퇴를 했습니다. 그래도 일 년 반 정도는 청강하다가 정말로 그만뒀습니다. 왜 자퇴했을까요?

그것은 제가 태어나기 전까지 그슬러 올라갑니다. 제 생모는 대학원생인 젊은 미혼모였습니다. 그래서 저를 입양 보내기로 결심했던 거지요. 그녀는 제 미래를 생각해서 대학교를 졸업한 사람이 양부모가 되기를 원했습니다. 그래서 저는 태어나자마자 변호사 가정에 입양되기로 되어 있었습니다. 제가 태어나고 마지막 순간 그들이 여자아이를 입양하겠다고 결정한 것만 제외하고 말이지요.

그들 대신 대기자 명단에 있던 양부모님은 한밤중에 걸려 온 전화를 받았죠. "어떡하죠? 예정에 없던 사내아이가 태어났는데, 그래도 입양하실 건가요?" "물론이죠" 그런데 알고 보니 양어머니는 대졸자도 아니었고, 양아버지는 고등학교도 졸업하지 못한 사람이어서 친어머니는 최종 입양 서류에 서명하는 것을 거부했습니다. 몇 달 후

양부모님이 저를 꼭 대학까지 보내 주겠다고 약속한 후에야 친어머니는 입양에 동의하셨습니다. 이것이 제 인생의 시작이었습니다.

17년 후, 저는 대학에 입학했습니다. 그러나 저는 순진하게도 바로 이곳, 스탠퍼드만큼이나 학비가 비싼 학교를 선택했습니다. 평범한 노동자였던 부모님이 힘들게 모아 뒀던 돈이 모두 제 학비로 들어갔습니다. 6개월 후, 저는 대학 공부가 그만한 가치가 없다고 생각했습니다. 내가 진정으로 인생에서 원하는 게 무엇인지, 그리고 대학 교육이 그것을 찾는 데 얼마나 도움이 될지 판단할 수 없었습니다. 게다가 양부모님이 평생 모은 재산이 전부 제 학비로 들어가고 있었습니다.

그래서 모든 것이 다 잘 될 거라 믿고 자퇴를 결심했습니다. 당시에는 두려웠지만, 뒤돌아보았을 때 제 인생 최고의 결정 중 하나였던 것 같습니다. 자퇴한 순간, 흥미 없던 필수과목들을 듣는 것을 그만두고 관심 있는 강의만 들을 수 있었습니다.

모든 것이 낭만적이지 않았습니다. 전 기숙사에 머물 수 없었기 때문에 친구 집 마룻바닥에서 자기도 했고, 한 병당 5센트씩 하는 빈 콜라병을 팔아서 먹을 것을 사기도 했습니다. 또 매주 일요일, 단 한 번이라도 제대로 된 음식을 먹기 위해 7마일이나 걸어서 하레 크리슈나 사원의 예배에 참석하기도 했습니다. 맛있더군요. 당시 순전히 호기심과 직감만을 믿고 저지른 많은 일이 후에 값으로 따질 수 없을 정도로 가치 있는 경험이 됐습니다.

예를 들어 보죠. 그 당시 리드 대학은 아마 미국 최고의 서체교육을 제공했던 것 같습니다. 학교 곳곳에 붙어 있는 포스터, 서랍에 붙어 있는 상표들은 아름답게 손으로 쓴 것들이었습니다. 어차피 자퇴한 상황이라 정규과목을 들을 필요가 없었기 때문에 서체에 대해서 배워 보기로 마음먹고 서체 수업을 들었습니다. 그때 저는 세리프와 산세리프체에 대해, 다른 글씨 조합의 자간의 변화에 대해, 위대한 활자를 멋있게 만드는 것에 대해 배웠습니다. 그것은 '과학적'인 방식으로는 따라 하기 힘든 아름답고, 유서 깊고, 섬세한 방식이었기 때문에, 전 매료되었습니다.

이런 것 중 어느 하나라도 제 인생에서 실용적으로 활용될 것 같지는 않았습니다. 그러나 10년 후 우리가 첫 번째 매킨토시를 구상할 때, 그것들은 고스란히 빛을 발했습니다. 우리는 그것을 모두 매킨토시에 적용하여 설계했습니다. 그것은 아름다운 서체를 가진 최초의 컴퓨터였습니다. 제가 리드 대학에서 그 과목을 청강하지 않았다면, 맥에 다양한 활자체나 자간이 비례에 맞게 조절되는 서체가 쓰이지 못했을 것입니다. 제가 만약 자퇴를 하지 않았다면, 그런 서체수업을 청강하지 못했을 것이고, 결국 개인용컴퓨터는 지금 같은 멋진 서체를 갖지 못했을 것입니다. 물론 제가 대학을 다닐 때는 장차 일이 이렇게 연관될 줄은 전혀 생각지도 못했지만, 10년 후, 돌이켜 생각해 보니 그것은 매우 분명하게 알 수 있었습니다.

다시 말하자면, 지금 여러분은 미래를 보며 점들을 연결할 수 없습니다. 다만 과거를 돌이켜보며 연결할 수 있을 뿐이죠. 그러므로 여러분은 현재의 점들이 미래에 어떤 식으로든지 연결된다는 것을 믿어야만 합니다. 자신의 직관, 운명, 인생, 인연 등 무엇이든지 간에 '그 무엇'에 믿음을 가져야만 합니다. 지금 하는 일들이 장차 미래와 연관되리라 믿으며 비록 탄탄대로에서 벗어나게 되더라도 확신을 가지고 마음이 원하는 바를 따르기 바랍니다. 왜냐면 그것이 미래를 바꾸기 때문입니다.

출처: 강홍식(2020).

스토리텔링 프로젠테이션은 연설문에서 잘 나타나 있다. 하영목과 최은석(2013)은 "연설과 프레제테이션은 많은 차이가 있다. 하지만 말뿐 아니라 신체언어까지 종합적인 매체로 청중에게 영향력을 끼친다는 점에서 동일하다"고 하였다.

## 활동지

여러분 각자 자기의 이야기를 15분의 스토리로 만들어 보자.

## 2) 설명형 프레젠테이션

학교에서 과제를 발표할 때 많이 사용되는 방법이다. 이는 이미 알려진 사실들이나 지식을 조사하여, 과제에 맞게 재배열하여 파워포인트를 사용하여 발표하는 것이다. 설명형 프레젠테이션은 자신의 새로운 아이디어를 청중들에게 알리는 것이 아니라, 기존의 지식이나 개념 사실 등을 알기 쉽게 전달하는 것이다.

따라서 설명형 프레젠테이션은 프레젠터가 자신이 발표하고자 하는 내용을 파워포인트 등 여러 기제들을 이용하여, 다수의 청자들에게 알리는 것이다. 그러므로 프레젠터는 전달하고자 하는 내용을 청자의 수준에 맞게 친절하고 알아듣기 쉽게, 구체적 예를 들어 가며 설명을 해야 한다.

설명을 할 때는 설명의 여러 기법들을 사용하면 도움이 된다. 설명은 독자에게 대상이나 내용을 알기 쉽게 풀어서 말하는 것이다. 이것은 독자의 이해를 돕기 위한 것이다. 학교에서 우리는 선생님의 설명을 듣고 어려운 문제를 이해하게 되고, 어떤 새로운 사실도 알게 되며, 이해도 더 깊게 할 수 있다. 연구보고서, 논문 등과 같은 논리적인 글에서도 설명은 중요하게 사용된다. 즉, 설명하는 글은 독자로 하여금 문제에 대한 의문을 해소하고 이해를 심화하는 데 목적을 두고 있다.

설명은 지식전달을 목적으로 하는 글뿐만 아니라 사용설명서, 관광 안내문 등과 같은 일상생활 속의 정보를 전달하는 글에도 사용된다. 정보를 전달하는 설명은 어떻게 전달하느냐에 따라 독자의 이해력이 달라지므로 전략이 필요하다. 우리는 전자제품을 새로 구입하면, 그 사용설명서를 잘 들여다보아야 한다. 그래야 그 제품을 잘 사용할 수 있기 때문이다. 따라서 설명은 객관적이어야 하며, 자신의 주장이 들어가서는 안 된다. 설명하는 방식에는 다음과 같은 방법들이 있다.

### (1) 정의

특정한 단어나 대상의 뜻을 구체적으로 설명하여 대상의 속성을 규정하는 방법이다. 이는 '무엇은 무엇이다.'라고 설명하는 방법으로 어떤 대상의 본질이나 뜻을 밝히는 방법이다.

예) '그림자'라는 용어는 분석심리학의 개념으로서 우리 인격의 어둡고 두렵고 바람직하지 않은 면을 가리킨다. 꿈에서 그림자 인격은 몽자와 동성의 인물이다.

### (2) 지정

'그것은 무엇인가?', '그것은 누구인가?', '그것은 어떤 것인가?'와 같은 물음에 답하는 형식으로 설명하는 방법이다. 지정은 어떤 대상을 구체적으로 지적하는 것으로 직접적이라서 의미가 분명하다는 특징이 있다.

예) 신은 누구인가? 그는 인간이 에덴동산을 떠나 독립된 한 개체로서 살아야 한다는 정교한 프로젝트를 짠 휴머니스트이다.

### (3) 예시

구체적인 예를 들어서 설명하는 방법이다.

### (4) 유추

잘 알려진 사물을 통하여 잘 알려지지 않은 것을 설명하는 방법이다. 논리학에서 주로 사용되는 형식이다. 이럴 경우, 두 대상 간의 공통점이 반드시 필요하다.

### (5) 비교

둘 이상의 대상을 공통점이나 유사한 점을 중심으로 설명하는 방법이다.

### (6) 대조

둘 이상의 대상을 차이점을 중심으로 설명하는 방법이다. 비교와 대조는 동시에 사용되는 경우가 많고, 두 대상을 비교 대조하는 기준이 있어야 한다. 이때 비교, 대조하는 기준은 같아야 한다. 예를 들면, 철수와 영희의 키는 비교할 수 있지만, 철수의 키와 영희의 성격을 비교, 대조할 수는 없다.

### (7) 분류

유사한 특성이나 성질을 가진 대상들을 기준에 따라 구분하여 설명하는 방법이다. 분류는 큰 개념에 속하는 사물을 더 작은 개념으로 나누는 작업이다. 분류된 하위항목들은 모두 공통된 속성을 가지고 있어야 한다.

### (8) 분석

대상을 구성요소로 나누어 특징을 설명하는 방법이다.

앞에 예시된 여러 방법을 사용한다면 청자들은 보다 쉽게 프레젠테이션의 내용을 이해할 수 있을 것이다.

출처: 김소영. 김은지. 김지영. 김종민. 장세영. 최려원(2020).

### (9) 설명형 프레젠테이션의 유형

이유미 등(2017)은 『공감 프레젠테이션』에서 프레젠테이션을 스토리텔링 프레젠테이션, 설명형 프레젠테이션 그리고 설득형 프레젠테이션으로 나누고 있다.

그리고 다시 설명형 프레젠테이션의 유형은 무엇을 대상으로 하느냐에 따라 대상에 대한 프레젠테이션, 과정에 대한 프레젠테이션, 사건에 대한 프레젠테이션, 그리고 개념에 대한 프레젠테이션으로 나뉠 수 있으며(Lucas, 1989: 임태섭, 2010에서 재인용), 또 그 목적에 따라 구분하면 보고, 강의, 지시, 시범 등으로 나뉠 수 있다(Ehninger et al, 1984: 임태섭, 2010에서 재인용)고 한다.

#### ① 대상에 대한 프레젠테이션

대상에 대한 프레젠테이션은 사람일 수도 있고, 물건일 수도 있으며, 어떤 특정한 이념, 혹은 역사적 사실일 수도 있다.

**예**

다음의 글은 닉슨(Richard M. Nixon, 1913~1994) 미국 37대 대통령의 Cambodian Incursion Address 캄보디아 침공 연설이다.

# Cambodian Incursion Address

delivered 30 April 1970 from Washington, D.C.

오늘 밤, 적의 동향과 그 상황에 대처하도록 지시한 조치 그리고 제가 내린 결정의 이유에 관해 설명하고자 합니다.

700만 명에 불과한 작은 나라 캄보디아는 1954년의 제네바 협정 이후 중립을 유지하고 있었습니다. 게다가 이 협정은 월맹 정부가 조인한 것이었습니다. 이후 미국은 캄보디아 국민의 중립성을 엄격히 존중하는 정책을 지켜왔습니다. 우리는 캄보디아 수도에 최소 인원인 15명 미만의 외교 직원을 유지하여 왔습니다. 그런데 그것도 지난 8월 이후부터였습니다. 그 이전의 4년, 1965년부터 1969년까지는 캄보디아에 외교 직원을 두지 않았습니다. 또한 지난 5년 동안 우리는 캄보디아에 어떤 형태의 군사적인 원조나 경제적인 원조도 제공하지 않았습니다.

그러나 월맹은 그러한 중립적 태도를 존중하지 않았습니다. 지난 5년 동안, 여러분이 여기에서 보는 이 지도에 나와 있는 것처럼, 월맹은 월남과 인접한 캄보디아 국경을 끼고 있는 군사 보호지역을 점령했습니다. 이들 중에는 캄보디아 내륙 32km에 이르는 곳도 있습니다. 그런 군사 보호지역은 지금 적화되어 있는 상태입니다. 그리고 여러분이 보시는 것처럼 그 군사 보호지역은 국경 양쪽에 걸쳐 있습니다. 그들은 월남에 주둔하고 있는 미국과 월남 군대에 대한 히트앤런(hit-and-run) 공격을 위해 사용되고 있습니다. 공산주의자가 점령한 이 지역에는 베이스캠프와 훈련소, 병참시설, 무기와 탄약을 생산하는 공장, 활주로 전쟁포로 수용소가 있습니다.

이제 이런 상황을 맞이하여 우리에게는 3개의 선택권이 있습니다.

첫째, 아무것도 하지 않는 것입니다. 그런 행동방침의 궁극적인 결과는 자명합니다. 우리가 낙관적인 생각을 즐기지 않는다면, 다음번에 15만 명이 철수한 뒤에 베트남에 남게 될 미국인의 생명은 심각한 위협을 받을 것입니다.

다시 지도를 보시죠.

여기가 월남입니다. 여기는 월맹입니다. 월맹은 이미 라오스의 이 지역을 점령하고 있습니다. 만약 월맹이 캄보디아의 이 지역 전체 혹은 이 나라 전체를 점령한다면, 월남은 완전히 허리가 잘리게 되고, 월남과 이 지역에 주둔하고 있는 미군의 군사거점은 유지불능의 상태에 빠질 것입니다.

두 번째 선택은 캄보디아에 대량의 군사원조를 제공하는 것입니다. 국토를 침공받은 캄보디아의 7백만 명의 처지가 몹시 딱하기는 하지만, 불행히도 현재로서는 캄보디아의 이 작은 군대는 대량의 군사원조를 바로 이웃한 함정(陷穽)과 맞서 조속히 효과적으로 활용할 수 없습니다. 우리는 4만 명의 캄보디아군이 국토방위에 필요로 하는, 그들이 사용할 수 있는 소형 무기와 다른 장비를 다른 나라들과 함께 제공하기 위해 최선을 다할 것입니다. 그러나 우리가 제공하는 원조는 캄보디아가 그 중립성을 방어할 능력을 갖추도록 하는 목적으로 제한할 것입니다. 캄보디아가 어느 편에게도 실제적인 교전국이 되지 않도록 할 것입니다.

세 번째 선택은 문제의 핵심을 찌르는 것입니다. 이는 곧, 월맹과 베트콩이 점령하고 있는 주요 영역, 즉 캄보디아의 군대와 월남에 있는 미·월남 군대에 대한 공격기지로 사용되고 있는 구역을 소탕하는 것을 의미합니다. 볼티모어가 워싱턴 가까이에 있는 것처럼, 우연히도 이들 지역의 일부도 사이공 아주 가까이에 있습니다. 예를 들어, 이곳은 '앵무새 부리'라고 불리는 곳입니다. 이곳은 사이공에서 단지 약 52km밖에 떨어지지 않은 곳입니다.

이 세 가지 선택 문제를 놓고 제가 내린 결정은, 이번 주에 베트남 군대와 합동으로 캄보디아와 베트남 국경에 있는 적의 주요 지점을 소탕하기 위한 공격을 감행할 것이며 지상 작전의 주요 책임은 베트남 군대가 맡도록 한다는 것입니다.

출처: 김정우(2013).

이 연설문에서 대상은 닉슨 대통령의 캄보디아 침공에 대한 사실적인 근거이며, 잠재적인 대상은 월맹이다.

**예**

대상에 대한 프레젠테이션을 하나 더 보도록 하자.

## 도파민, 몰입하는 뇌

아이의 다양한 뇌의 역할 중에서도 부모가 가장 관심 있어 하는 것은 역시 '공부 잘하는 뇌'일 것입니다. 결론부터 말씀드리면, '공부 잘하는 뇌'는 '잘 노는 뇌'에서 나옵니다. 어려서 장난감 하나에 집중해서 잘 놀던 아이가, 공부도 몰입해서 잘할 수 있습니다. 아이가 열심히 무언가에 집중해서 놀 때 도파민이라는 호르몬이 나오는데, 이 호르몬이 공부할 때 몰입을 돕는 역할을 합니다. 어려서부터 몰입을 통한 즐거움을 깨달은 아이는 공부에서 얻게 되는 성취감, 도파민을 통한 즐거움을 잘 알고 있습니다.

도파민은 쾌감 호르몬입니다. 이 호르몬이 집중력과도 연관됩니다. 도파민은 뭔가에 몰입할 때 왕성하게 분비됩니다. 특히 전두엽에서 중요하다고 판단되는 일에 몰입할 때 크게 활성화됩니다. 도파민이 활성화되면, 몰입을 방해하는 요소는 걸러 내고 목표와 관련된 자극에만 집중할 수 있게 됩니다. 몰입은 어떤 일에 대한 좋은 성취로 연결되고, 목표를 이루었을 때의 성취감과 즐거움은 다시 목표를 세우고 도전하게 만드는 에너지가 됩니다.

아이가 블록 놀이를 집중해서 하다가 원하던 모양을 만들어 냈을 때 얻는 성취감, 짜릿한 쾌감이 바로 도파민의 효과입니다. 무언가에 집중하여 성취를 얻어 내는 일련의 과정이 반복되면 아이는 자연스럽게 집중하는 시간이 길어지며, 이는 이후 학습 습관으로 이어질 수 있습니다. 학령기 아이에게 학습 동기를 부여하는 데 가장 중요한 역할을 하는 것도 도파민 신경망입니다. 공부를 열심히 해서 좋은 성적을 거두겠다는 마음, 부모님과 선생님에게 칭찬이라는 보상을 받고 싶어 하는 것이 모두 도파민 신경망이 활성화된 모습입니다.

도파민은 전두엽의 앞부분인 전전두엽에 작용하는데, 집중력에 문제를 보이는 주의력결핍과잉행동장애(ADHD) 아동과 청소년에 관해 오랫동안 연구하면서 전전두엽에서 도파민 신경망의 발달을 저해하는 몇 가지 요소를 발견했습니다. 스트레스와 유해 환경입니다.

임신기 동안 심각한 부부 갈등이나 불안정한 환경 등으로 산모가 극심한 스트레스를 받으면 아이의 ADHD 발병 위험성이 2배 정도 올라갑니다. 임신기에 산모가 흡연을 했거나 영·유아기에 간접흡연 등으로 아이가 환경호르몬에 노출되면, 아이의 뇌 발달에 부정적인 영향을 미친다는 사실도 규명하였습니다. 아이는 6~7세부터 주의력을 발달시키고 몰입할 수 있는 능력을 키우며 자기 행동과 감정을 조절하는 능력도 발달시키는데, 임신기와 영·유아기에 유해 환경에 지속적으로 노출된 경우 뇌 발달을 저해할 수 있습니다.

출처: 김붕년(2021).

앞 글에서의 대상은 도파민이다. 도파민의 기능에 대해 아주 쉽게 예를 들어 가며 설명하고 있다. 마치 강의를 듣는 것 같다.

② 사건에 대한 프레젠테이션

예

이 연설문은 불행한 한 사건에 대한 것이다. 물론 연설과 프레젠테이션은 많은 차이가 있다. 그러나 말뿐 아니라 신체언어까지 종합적인 매체로 대중에게 영향력을 끼쳐야 한다는 점에서는 동일하다(하영목 · 최은석, 2013).

윌리엄 클링턴(William J. Clinton, 1946~) 미국 42대 대통령이다. 흔히 빌 클리턴이라 불린다. 이 연설문은 1995년 4월 오크라호마 주 연방 건물 테러 폭파 사건으로 갑작스러운 슬픔에 빠진 미국 국민에 대한 그의 연설로, 감동 그 자체였다. 수사를 거의 생략한, 간결하면서도 우직한 그의 말투에는 강한 호소력이 그대로 배여 있다.

## 오클라호마 폭탄테러 추도식 연설

오클라호마, 오클라호마 시, 1995년 4월 23일.

오늘 우리나라는 여러분과 슬픔을 함께하고 있습니다. 우리는 여러분과 함께 애도를 표하고 있습니다. 요행이라도 누군가가 아직 살아 있으리란 희망을 여러분과 함께하고 있습니다. 많은 생명을 살리려고 애쓰신, 또 이러한 범죄를 해결하기 위해 애쓰신, 아주 영웅적으로 노력하신 모든 분, 그리고 자신의 생활을 제쳐 놓고 이곳에

오셔서 여러분과 함께 수고하신 분들 모두에게 감사드립니다. 우리는 여러분이 상처를 치유하고 이 도시를 재건하는 것을 돕기 위해 가능한 한 모든 것을 다할 것이며, 또한 이러한 못된 짓을 저지른 사람들을 재판하여 처벌할 것을 약속드립니다.

* 서두에 대통령으로서, 그리고 무엇보다 시민들과 아픔과 슬픔을 함께하는 한 평범한 시민으로서 이 자리에 섰음을 얘기한다. 그리고 또한 대통령으로서 자신이 어떻게 시민들을 도울 수 있는지를 말하고 약속하고 있다.

이 끔찍한 범죄는 저 건물 안에 있던 우리 미국인 가정의 생명들을 앗아 갔습니다. 저 빌딩 안에는 무고한 어린이들도 있었습니다. 그런데 그 이유는 단지, 그들의 부모가 훌륭한 일꾼이자 훌륭한 부모가 되기 위해 노력하고 있다는 것 때문이었습니다. 저 빌딩 안에는 묵묵히 그날 자신이 맡은 일을 하고 있던 시민들도 있었습니다. 연세 많으신 분들과 장애인분들을 돕기 위해 애쓰시던 분들, 농부들과 퇴역 군인들을 위해 애쓰시던 분들, 법을 집행하여 우리를 보호하려고 애쓰시던 분들도 있었습니다. 분명히 말씀드리건대, 그분들은 우리에게 많은 도움을 주셨습니다. 이에 감사드립니다.

* 그리고 대통령으로서 여러 계층과 다양한 직업에 종사한 희생자분들에 대한 자신의 슬픔과 고통을 말하고 있다. 감정이 고조되어 가고 있으며, 마치 옆 사람에게 말하듯이 대통령 자신의 슬픔을 말하고 있다.

그러나 여러분 대다수에게 그분들은 이웃이기도 하고 친구이기도 하였습니다. 그분들은 여러분이 교회나 자녀분들의 학교 학부모 모임, 시민 클럽 혹은 야구장에서 만나던 분들이었습니다. 미국 다른 지역의 사람들은 알 수 없겠지만, 여러분은 여러 면에서 그분들을 잘 알고 있습니다. 그리고 우리가 여러분과 슬픔을 함께하고 있습니다만, 가족을 잃은 아픔을 겪은 모든 분에 대한 여러분의 고통도 상상할 수 없을 정도라는 점을 우리는 알고 있습니다. 우리는 그것을 원상태로 돌릴 수 없습니다. 그것은 하나님의 일(역사, 役事)입니다.

＊ 감정의 고조를 조절하며, 이 상황에서 대통령인 자신과 시민 여러분들이 할 수 있는 것은 이 돌리킬 수 없는 슬픔에 언제까지나 머무는 것이 아님을 고통스럽게 말하고 있다.

여러분이 겪고 있는 아픔에 비하면 우리의 말은 초라하게 보입니다. 그러나 저는 오늘 함께 나누고 싶은 몇 가지 말을 준비했습니다. 이 끔찍한 지난 며칠 동안 저는 많은 편지를 받았습니다. 그들 중 하나가 눈에 띄었습니다. 팬암 항공기 103이 격추되었을 때 다른 200여 명의 미국인과 함께 남편을 잃은, 세 딸의 어머니이자 젊은 미망인 여성으로부터 온 편지이기 때문입니다. 오늘 제가 말하고자 하는 것은 바로 그 여성이 한 얘기입니다.

＊ 이제 절정으로 넘어가고 있다. 클린턴 대통령의 극히 개인적인 이야기로써 절정에 이르고 있다. 극히 개인적이기에 더 감동적일 수 있다. 왜냐면 개인의 감정이기에 진실되고 그 절절함을 보다 선명히 표현할 수 있기 때문이다.

여러분이 느끼는 분노는 당연한 것입니다. 그러나 그것에 의해 사로잡히지는 않도록 해야 합니다. 여러분이 느끼는 고통이 증오가 아니라, 그보다는 정의의 추구로 바뀔 수 있도록 해야 합니다. 여러분이 느끼는 희생의 아픔이 자신의 삶을 마비시키면 안 됩니다. 그보다는, 사랑하는 사람들이 미처 끝마치지 못한 것 모두를 그대로 계속하여 그들이 헛되이 죽지 않았다는 것을 확실하게 함으로써 그들에게 경의를 표하려고 노력해야 합니다.

여러분은 너무나 많은 것을 잃었습니다. 그러나 모든 것을 잃은 것은 아닙니다. 또한 미국을 잃은 것도 분명 아닙니다. 왜냐하면 가능한 한 앞으로도 오랫동안 우리가 여러분과 함께할 것이기 때문입니다.

* 연설은 반전으로 가고 있다. 슬픔과 고통을 넘어 이러한 희생이 다시는 일어나지 않아야 한다는 각오와 그리고 대통령으로서 이 아픔을 미국인 전체와 함께할 것이라는 각오와 다짐을 담고 있다. 이 연설문에서 가장 많이 나온 단어는 아마 '함께' '우리'일 것이다. 이는 대통령으로서, 그리고 국민의 한 사람으로서 아픔을 함께한다는 커다란 의미도 있고, 이 연설을 듣는 국민들을 한곳으로 모으는 구심점의 역할을 하고 있다. 그야말로 United States로 집결시키고 있다.

만약 우리가 그것에 대한 증거가 있어야 한다면, 다음과 같은 키팅 주지사 부부의 말을 상기시켜 드리고자 합니다. "미국인이 버릇없고 이기주의적이라고 생각하는 사람이 있다면, 오클라호마에 와 봐야 합니다. 미국인이 사랑과 동정과 용기에 대한 능력을 잃어버렸다고 생각하는 사람이 있다면, 그 사람은 오클라호마에 와 봐야 합니다."

* 앞의 반전을 더욱더 공고히 하며 자연스럽게 다시 한번 미국인 전체를 결집하고 있다.

이 홀 밖의 모든 친애하는 미국 국민 여러분께 한 가지만은 말씀드리고자 합니다. 희생당한 분들께 우리가 지고 있는 빚은 이러한 나쁜 짓을 일삼는 어둠의 세력을 스스로 일소해야 한다는 것입니다. 그들은 우리 공통의 평화, 우리의 자유, 우리의 삶의 양식을 위협하는 세력입니다. 위로의 하나님은 공의(公義)의 하나님이라는 것을 우리의 자식들에게 가르쳐 줍시다. 자기 집을 해롭게 하는 자는 바람입니다. 정의는 승리하기 마련입니다.

* 결말을 말하고 있다. 그것은 어둠의 세력을 힘을 합쳐 일소해야 한다는 것이다. 그리고 정의가 반드시  승리할 것이라고 다짐을 약속하고 또 받아낸다.

우리가 공포의 세력과 맞서리란 것을 우리의 자식들에게 알려 줍시다. 증오의 말이 있으면 우리가 일어서서 그에 맞서 말합시다. 폭력의 말이 있으면 우리가 일어서서 그에 맞서 말합시다. 죽음 앞에서 삶을 명예롭게 합시다. 사도 바울께서 이르셨듯이, "악에게 지지 말고 선으로 악을 이기도록 합시다."

* '악에게 지지 말고 이기도록 하자'는 성 바울의 말을 인용하여 끝을 맺고 있다.

출처: 김정우(2013).

③ 개념에 대한 프레젠테이션

개념에 대한 프레젠테이션은 어느 한 개념을 쉽게 풀어서 구체적으로 이해하기 쉽게 설명해 나간다.

**예**

다음의 글은 『모든 진화는 공진화한다』의 서문이다. '공진화'의 의미를 알기 쉽게 구체적으로 설명하고 있다.

## 모든 진화는 공진화한다

진화란 생태계 내부의 일이다. 생명들은 저마다 생태계 내에서 자신의 자리를 두고 경쟁자와 다툰다. 이들의 자리다툼은 당사자 스스로 다툰다는 의식을 가지고 다투기도 하고, 그저 본능대로 행동한 것에서 결과적으로 이뤄지기도 한다. 다툼에서 이긴 생명들은 자신의 유전자를 가진 자손을 퍼뜨리고, 결과적으로 진화가 이루어진다.

그 과정에서 생명들은 생태계 내의 숱한 다른 생명들과 여러 관계를 맺게 된다. 어느 초원에 형성된 생태계를 상상해 보자. 이곳의 초원에는 들소와 양, 염소와 야생말이 풀을 뜯어 먹으며 살고 있고, 이들을 사냥하는 늑대와 곰, 호랑이 등이 있다. 들소와 양, 염소 사이에는 같은 먹이인 풀을 두고 경쟁 관계가 성립한다. 풀이 한없이 풍부하게 있다면야 다행이겠지만 한정된 풀을 놓고 싸워야 한다면 이들 중 누군가는 먹을 풀이 부족해질 것이다. 풀을 차지하지 못한 일부 개체는 풀에서 눈을 돌려 나뭇잎을 먹기 시작할 수도 있다. 그러면 나뭇잎을 먹기에 적합한 구조로 진화가 일어난다. 경쟁이 진화를 촉발하는 것이다.

그리고 이들을 먹고 사는 포식동물 사이에도 경쟁이 일어난다. 먹이가 될 동물을 더 잘 사냥하는 종은 번식할 것이고, 그렇지 않은 종은 사라질 것이다. 그중 일부는 나뭇잎을 먹는 형태로 진화한 초식동물을 주된 먹이로 삼기도 할 것이다. 그러면 다시 진화가 일어난다. 진화의 시작은 아주 적은 변화일 것이다. 그 변화는 무시되기도 하고, 다수는 사라지기도 한다. 그러나 그러한 변화가 개체 수를 늘리면 변화는 고정되고 진화가 된다.

풀을 먹다가 나뭇잎을 먹기 시작한 초식동물로 돌아가 이들의 내장을 살펴보자. 이전과 다른 먹이가 들어오자 여기에선 또 다른 경쟁이 시작된다. 장에 사는 수많은 균은 서로 더 빨리 새로운 음식을 분해하기 위해 경쟁을 한다. 그리고 이런 경쟁의

와중에 공생체의 면역 작용과도 싸워야 한다. 이전과 다른 분해 시스템이 필요하다. 나무도 마찬가지다. 뜬금없이 새로운 포식자가 등장했으니 나뭇잎에 독을 섞기도 하고, 가시를 달기도 한다. 삶의 변화를 모색할 수밖에 없다. 이전에는 필요가 없었던 변이가 새로운 무기가 된다. 진화가 이루어진다.

그리고 이 모든 동물과 식물의 체내와 체외에 기생하는 생물들이 있다. 아무리 작은 개체라도 기생생물이 없는 개체는 없다. 어느 정도 크기의 동물이나 식물이라면 최소한 10억 종류 이상의 기생생물들이 있다. 이들 숙주와 기생체 사이에서도 피나는 사투가 진행되고, 그 결과는 각각의 진화로 귀결된다.

이렇듯 생태계의 어느 한 곳에서 시작된 진화는 관계를 맺고 있는 다른 생물들에게 연달아 진화를 요구한다. 따라서 모든 진화는 공진화다. 생태계 내에서 홀로 진화하는 생물은 없다. 진화는 한 생물에겐 진화의 결과이지만 동시에 다른 생물에겐 진화의 시작이다.

생명은 무릇 일종의 질서다. 개체를 유지하는 질서가 깨지면 개체는 죽는다. 마찬가지로 생태계도 일종의 질서다. 생태계를 구성하는 요소들이 서로 균형을 잡고 자신의 역할을 제대로 할 때만이 생태계는 질서 있게 유지된다. 그러나 개체의 항상성도, 생태계의 평형상태도 조용히 균형을 잡고 삶과 생태계를 지탱하는 것 같지만, 실제로 이들이 만드는 것은 정적인 것이 아닌 동적 평형이다. 가까이에서 보면 이들은 끊임없이 오르고 내려가는 과정을 겪고 있으며, 평균적이고 확률적으로 일정한 상태를 유지하고 있을 뿐이다. 그러나 우주의 질서는 이러한 평형상태가 영원히 유지되지 못하는 방향으로 존재하고 있다.

그래서 개체에서의 동적 평형은 수시로 깨지고, 변태와 노화를 통한 변화를 감내해야 한다. 그리고 마침내 마지막 죽음이 기다리고 있다. 종의 차원에서도 마찬가지다. 같은 종 안의 수많은 개체는 다 다르다. 돌연변이가 생기고, 격리가 일어나고, 유전적 부동이 이루어진다. 그리고 진화가 일어나고 종분화가 일어난다. 마지막으로 멸종이 예외 없이 기다리고 있다.

생태계도 마찬가지다. 흙이라곤 하나도 없는 곳에서 지의류나 작은 풀들이 시작하는 생태계는 조금씩 흙이 깊어지고, 식물의 종류도 변한다. 식물의 종류가 변하면 그곳에 거하는 동물의 종류도 바뀔 수밖에 없다. 동물의 종류가 변하면 그곳에 기생하는 기생식물도 변화한다. 식물들은 기후에 따라 다르지만 결국 극상 climax에 도달한다.

하지만 극상은 계속 이어지지 않는다. 홍수와 가뭄, 지진과 해일, 화산폭발과 같은 현상들이 생태계를 한순간에 무너트린다. 가벼운 일격은 몇 년에 회복이 가능하고, 깊은 일격은 수십 년 혹은 수백 년에 걸쳐 복구가 된다. 생태계는 개체나 종에 비해 그 생명이 길다. 끈질기다. 개체보다 종의 수명이 길 듯, 종보다 생태계의 수명이 더 길다. 하지만 생태계라고 영원하진 않다. 열대우림은 사막이 되고, 고원은 산악지대가 된다. 이렇듯 생명이 존재하는 장소는 '변화'만이 영원한 곳이기도 하다. 그리고 이 모든 변화는 생물들 간의 관계를 바꾸고, 또한 진화를 요구한다.

명심해야 할 것은 다른 여러 책에서도 강조했던 것처럼 진화가 '목적'을 가지고 있지 않고, 오직 결과로 나타날 뿐이라는 것이다. 공진화도 마찬가지다. 꽃이 나비와의 공진화를 '미리 생각하고' 나비가 자신과 공진화할 꽃을 '선택'하지 않는다. 오로지 다양한 변이 속에서 살아남아 많이 번식한 종의 자손이 진화의 결과로 주어질 뿐이다.… 어떤 절대자에 의해 정해진 방향으로 가는 것은 진화가 아니다. 공진화에서 같이 진화할 상대는 선택되는 것이 아니라 결과가 되는 것이다.

출처: 박재용(2018).

④ 과정에 대한 프레젠테이션

과정에 대한 프레젠테이션은 한 상품의 사용 방법에서부터, 사건의 개요나 역사적 흐름을 시간적, 공간적 배열에 따라 설명한 것일 수도 있다.

과정 설명형 프레젠테이션은 그야말로 과정 process를 알기 쉽게 설명해 주는 것이다. 물론 내용에 따라 시간적 흐름으로 설명할 수도 있고, 공간적 이동에 따라 설명할 수도 있다. 예를 들어, 자신이 사는 동네를 소개할 때는 공간적 이동 순서에 따라 설명해 줄 수 있는 것이다. 또, 새로 출시된 콤팩트형 향기 나는 핸드폰이 있다고 하자. 신제품이라 사람들은 이 핸드폰의 사용 방법을 잘 모를 수 있다. 그럴 경우, 이 핸드폰의 본격적인 출시를 앞두고 프레젠테이션을 열 수 있다.

**예**

다음은 프레젠테이션의 대가라 불리는 스티브 잡스의 과정에 대한 설명형 프레젠테이션이다. 그가 얼마나 프레젠테이션을 알기 쉽게 구체적으로, 친절하게 진행하는지 알 수 있는 부분이다.

### Steve Jobs' Macworld Expo Keynote Address

2001년 1월 8일. 샌프란시스코. 맥월드 엑스포 기조연설

지금, PC가 어떻게 해서 그런 가치를 더할 수 있었을까요? 이유는? 음, 몇 가지 이유가 있습니다. 첫째, PC는 복잡한 응용 프로그램을 실행할 수 있기 때문입니다. 이 기기들은 할 수 없습니다. 이것들에게는 충분한 힘이 없어요. 둘째 PC에 큰 화면이

있다는 것은 더 많은 정보를 볼 수 있을 뿐만 아니라 인터페이스를 훨씬 더 잘 사용할 수 있음을 의미합니다. 우리는 CD와 현재의 DVD에서 봤듯이 디스크를 구울 수 있습니다. 하지만 디지털 기기들은 그걸 못하죠. 또한 우리는 저렴한 대형 저장 장치를 갖고 있습니다. 여러분은 카메라에 들어갈 작은 플래시카드를 구입하는 데 많은 돈을 지불하려고 밖에 나간 적은 없지요? 무슨 말인지 아시죠?

이런 것들은 PC가 기여할 수 있는 일들 중 일부입니다. PC는 또한 여러 가지 방식과 속도로 인터넷에 접속합니다. 우리가 갖고 있는 디지털 기기들 중에서 인터넷에 접속할 수 있는 것은 거의 없습니다. 있다고 해도 느립니다. 이것이 바로 PC가 허브가 될 것이라고 믿는 이유입니다. – 이 기기들에 가치를 더할 뿐만 아니라 디지털 허브로서도 서로 연결할 것이라고 말입니다.

처음에 우리는 캠코더를 보고 이걸 이해하기 시작했습니다. 그 이유는 우리가 캠코더에 엄청난 가치를 부가한 아이무비라는 응용 프로그램을 발명했기 때문입니다. 아이무비를 사용하면, 트랜지션, 크로스 디졸브, 크레디트, 사운드 트랙 등으로 가공하지 않은 장면을 놀라운 영화로 전환시킬 수 있기 때문에 여러분의 디지털 캠코더의 가치를 10배나 높일 수 있습니다. 보통은 캠코더로 다시는 보지 못하게 될 가공되지 않은 장면을 믿기지 않도록 감성적인 영상으로 바꿀 수 있는 겁니다. 전문적이든 개인적이든 말입니다. 정말 대단하죠.

여러분이 심지어 맥을 통해서 그 영상을 애플 웹사이트로 전송하면 우리는 여러분을 위해 그걸 호스팅해서 전 세계 PC로 스트리밍합니다. 캠코더로는 할 수 없는 거죠. 또한 우리는 수많은 결합의 이득을 목격했습니다. 이러한 솔루션을 탄생시키기까지는 하드웨어, 즉 컴퓨터와 기타 하드웨어, 운영 체계, 응용 프로그램, 인터넷 및 마케팅이 필요했습니다.

그래서 우리는 이것이 매우 중요하고, 아이무비는 이 모든 요소들이 필요하다고 생각했습니다. 그리고 우리는 애플만이 이것을 하기에 적합하다는 것을 깨달았습니다. 왜냐하면, 우리가 이 업계에서 한 지붕 아래 이 모든 요소들을 갖추고 있는 마지막 회사이기 때문입니다. 우리는 그것이 애플 특유의 강점이라고 생각합니다. 또한 우리는 아이무비2를 통해서 우리가 캠코더라는 디지털 기기의 가치를 10배나 높일 수 있음을 발견했습니다. 여러분에게 10배 이상 가치가 있는 거죠.

그래서 우리의 비전은 이것입니다. 우리는 PC가 죽어 가고 있다고 생각하지 않습니다. 우리는 PC가 진화하고 있다고 생각합니다. PC는 선사시대에서 출발하여 생산성이라는 첫 번째 황금기를 거쳐 인터넷 시대라는 두 번째 황금기로 진화했습니다. 이제 PC는 디지털 라이프스타일 시대인 세 번째 황금기로 진입하고 있습니다. 디지털 라이프스타일 시대에서 PC는 이런 놀랍고도 새로운 디지털 기기들의 디지털 허브가 될 것입니다. PC가 디지털 허브가 되는 이유는 다른 디지털 기기들이 할 수 없는 것들을 할 수 있기 때문입니다. PC는 아이무비, 아이튠즈, 아이DVD 같은 복잡한 응용프로그램들을 실행할 수 있습니다. 이런 것들을 하는 데 필요한 사용자 인터페이스를 위해 대형 화면도 갖추고 있습니다. 간단하게 디스크, CD, DVD를 구울 수 있습니다. 대용량이면서도 저렴한 저장장치를 갖추고 있습니다. 또한 어떤 식으로든 어떤 속도로든 인터넷과 대화할 수 있습니다.

우리는 PC가 대단한 기기가 될 것이고 이 모든 일들이 생기게 할 접착제는 응용프로그램이라고 생각합니다. 또한 우리는 아이무비, 아이튠즈, 아이DVD에 대한 더 많은 연구를 하고 있는데 이 응용 프로그램들은 이 새로운 디지털 라이프스타일 시대로 여행할 수 있게 해 주는 여권이 될 것이며 그곳이 바로 우리가 가고 있는 방향입니다.

출처: 강홍식(2020).

스티브 잡스의 프레젠테이션 특징은 마치 '나한테만' 말하듯이 다정하게 소곤거린다는 것이다. 그리고 복잡한 부분에 대해서는 알아듣기 쉽게 마치 연인에게 하듯이 차근차근 설명해 준다. 아르헨티나 출신 프랑스 정신과 의사이자 정신분석가인 장 다비드 나지오(Juan-David Nasio) 박사는 강연을 할 때 "저는 여러분 전체에 말을 거는 것이 아니라, 여러분 한 분 한 분에게 사적으로 말을 건네는 것입니다."라고 말한다. 스티브 잡스의 프레젠테이션은 나지오 박사의 이 말을 연상하게 한다.

### 3) 설득형 프레젠테이션

설득형 프레젠테이션은 상대방이 나의 의견에 따르도록 설득하는 데 목적이 있다. 설득형 프레젠테이션의 경우엔 논리성이 있어야 신뢰를 준다. 이럴 경우, 청중의 성격에 따라 귀납적으로 할 것인지 연역적으로 할 것인지를 결정해야 한다. 이미 익숙한 청중일 경우엔, 연역적으로 결론부터 발표해 나가는 것이 효과적이다. 그러나 처음 만나는 청중일 경우, 귀납적으로 하나씩 설명해 나가는 것이 보다 이해가 쉽고 설득력이 있다(이유미 · 김은진 · 윤경선 · 김지연 · 노석영, 2017).

**예**

다음은 설득형 프레젠테이션이다. 이에 대한 좋은 연설로서 마하트마 간디(Mahatma Gandhi, 1869~1948)의 연설문을 소개한다. 인도 마드라스 지방에서 군중들을 향해 대영 비협력운동을 촉구한 연설문이다.

여러분이 많이 들어 온 비협력운동이란 무엇이며 왜 우리는 이러한 비협력운동을 전개하려는 것일까요?

저는 비협력운동이 위헌적이라는 말을 들어 왔습니다. 저는 그 운동이 헌법에 위배된다는 것을 감히 부정하는 바입니다. 오히려 저는 비협력운동이 정당한 종교 교리라고 생각합니다. 그것은 모든 사람의 타고난 권리이며 완전하게 합헌적입니다. 대영제국을 매우 사랑하는 한 사람은 영국 헌법하에서 반란이 성공한다면 그것이 반란일지라도 완전히 합헌적이라고 말했습니다. 저는 반란이 일반적인 의미로, 즉 폭력적인 수단에 의해 정의를 탈취하는 것인 한 반란의 성공 여부에 대한 합헌성을 주장하는 것이 아닙니다. 오히려 저는 폭력이 유럽에서는 어떤 목적으로 이용되든지 간에 인도에서는 소용없다는 것을 반복적으로 말해 왔습니다.

제가 말씀드리고자 하는 것은 이것입니다. 제 친구 역시 폭력주의를 신봉하고 비폭력주의를 약자들의 무기로 받아들이고 있지만, 저는 비폭력주의가 가장 강한 사람들의 무기라고 믿습니다. 저는 사람은 적 앞에서 무장도 하지 않은 채 가슴을 드러내 놓고 죽을 수도 있기 때문에 가장 강한 군인이라고 믿습니다. 비협력운동의 비폭력주의가 비폭력적인 한 그 가르침에 위헌적인 요소가 없다고 감히 주장하는 바입니다.

계속 묻겠습니다. 제가 '당신을 섬기지 않겠다.'라고 영국 정부에게 말하는 것이 위헌입니까? 우리의 훌륭하신 의장께서 영국 정부로부터 수여받은 모든 직함을 공손하게 반납하는 것이 위헌입니까? 부모가 국립 또는 국가의 지원을 받는 학교로부터 자기 아이를 빼 오는 것이 위헌입니까? 변호사가 법률의 힘이 본인의 품격을 높이는 게 아니라 떨어뜨리는 데에 이용되는 한 법률의 힘을 더 이상 변호하지 않겠다고 말하는 것이 위헌입니까? 공무원이나 판사가 전체 국민들의 의사를 존중하려고 하지 않는 정부에 봉사하고 싶지 않다는 말을 했을 때 그게 위헌입니까?

또 묻겠습니다. 경찰이나 군인이 자신의 동포들을 증상하는 정부에 복무하라는 부름을 받았다는 사실을 알고 사직서를 제출한다고 해서 그게 위헌입니까? 제가 농민에게 가서 정부가 당신이 내는 세금을 당신의 생활 수준을 높이기 위해 사용하는 것이 아니라 당신의 힘을 약화시키기 위해 사용한다면 당신이 세금을 내는 것은 현명하지 못하다고 말하는 것이 위헌입니까?

저는 거기에는 위헌적인 요소가 없다고 감히 말씀드립니다. 더욱이 저는 평생 동안 이런 일들을 모두 해 왔으며 아무도 그것의 합헌성에 의문을 제기하지 않았습니다.

저는 비폭력운동의 모든 계획에는 위헌적인 요소가 없다고 생각합니다. 하지만 인도 국민이 훌륭한 헌법을 만든 국가와 위헌적인 정부 앞에서 인도 국민이 나약해지고 굽실거리고 그들에게 가해진 온갖 모욕을 참는다면 매우 위헌적인 일이 될 것이라고 감히 말씀드립니다. 인도의 7,000만 회교도가 그들의 종교에 가해진 만행에 굴복한다면 매우 위헌적인 행동이 될 것입니다. 모든 인도인이 가만히 앉아 펀자브의 영예를 짓밟고 부정한 정부에 협력한다는 것은 매우 위헌적일 것입니다.

저는 동포 여러분이 명예심을 갖고, 여러분에게 대대로 내려온 숭고한 전통의 후손들이자 수호자들로 남아 있기를 원하는 한 여러분이 협력을 거부하지 않는 것은 위헌이고 우리 정부처럼 부당해진 영국 정부에 협력하는 것도 위헌이라고 말씀드립니다. 저는 영국인을 싫어하는 사람이 아닙니다. 저는 반영국주의자도 아닙니다. 저는 어떠한 정부도 싫어하지 않습니다만 거짓과 사기와 부정은 싫어합니다. 정부가 부정을 초래한 한 저를 적으로, 그것도 화해하기 어려운 적으로 간주해도 좋습니다.

우리가 정의를 쟁취하지 않는 한, 내키지 않는 손길과 펜으로부터 우리의 자존심을 억지로 빼앗지 않는 한 협력이란 있을 수 없습니다. 우리의 경전에 나와 있고 저

역시 인도의 모든 위대한 종교지도자들에게 깊은 존경심를 가지고, 반박에 대한 두려움 없이 말합니다. 저는 불의와 정의, 부정한 사람과 정의를 사랑하는 사람, 진실과 거짓 간의 협력이 있어서는 안 된다고 가르치는 우리의 경전과 같은 생각입니다. 정부가 여러분의 명예를 보호해 주는 경우에만 협력은 의무이며 정부가 여러분을 보호해 주는 것이 아니라 여러분의 명예를 빼앗아 갈 때 비협력은 균등한 의무입니다. 이것이 바로 비협력주의의 가르침인 것입니다.

1920년 8월 12일.

출처: 강홍식(2020).

## 4. 프레젠테이션 준비단계

팀일 경우에는 각 조원의 역할 분담을 명확하게 한다.

### 1) 전체적인 윤곽 만들기

첫 단계에서 준비가 잘되어야 한다. 프레젠테이션할 때 다음과 같은 전체적인 윤곽을 잡는 것이 도움이 될 것이다.

### (1) 프레젠테이션 대상은 누구인가?

프레젠테이션의 3대 요소는 프레젠터, 청중, 프레젠테이션의 내용이다. 프레젠터는 청중의 연령, 지적수준, 생활환경 등에 따라 사용하는 언어, 억양, 스크린에 띄우는 영상과 사진도 달라야 한다.

### (2) 프레젠테이션의 주제는 무엇인가?

물론 주제도 청중에 따라 달라야 한다. 같은 주제라도 고교생을 대상으로 한 것과 대학생을 대상으로 한 것은 주제의 깊이가 달라야 하고, 같은 깊이라도 청중이 이해할 수 있는 언어와 예시로 프레젠테이션을 해야 한다.

### (3) 프레젠테이션의 콘셉트는 무엇인가?

콘셉트는 추구하는 핵심적 이미지이다. 만일 000 제품에 대해 설명형 프레젠테이션을 한다고 하자. 프레젠터의 목적은 이 제품을 많이 팔게 하는 데 있다. 그럼 이 제품의 콘셉트를 무어라 정해야 할까? 회사에서 내세우는 가치는 무엇일까? 기기의 경우, '(조작의) 단순성' 혹은 '(기존 타 제품과의 원활한) 호완성' 또는 '(카메라 색상의) 선명성' 등이 있을 수 있다.

### (4) 프레젠테이션을 듣는 청중의 목적은 무엇인가?

청중의 마음을 읽어야 한다. 청중이 원하는 것이 무엇인지를 파악하고 거기에 초점을 맞추어야 한다.

### (5) 프레젠테이션의 목적은 무엇인가?

프레젠터는 한 회사의 혹은 한 그룹의 대표이다. 이럴 경우, 그 회사 혹은 그룹의 목표가 프레젠테이션의 목표가 될 수 있다.

### (6) 프레젠테이션은 언제, 어디서 행해지는가?

날짜와 시간, 그리고 어디의 어느 건물 몇 층 어느 회의실인지 정확하게 표기하고 알린다.

### (7) 프레젠테이션의 스토리는 어떻게 전개시킬 것인가?

스토리의 전체적인 구조와 개괄적인 내용을 적는다.

## 활동지

다음은 프레젠테이션의 윤곽을 직접 만들어 보자. 여러분이 프레젠테이션 주제를 정하고, 거기에 대해 전체 윤곽을 짜 보자.

### ■ 프레젠테이션의 전체 윤곽 만들기

| 분류 | 내용 | 비고 |
|---|---|---|
| 대상 | | |
| 주제 | | |
| 콘셉트(핵심이미지) | | |
| 프레젠테이션의 목적 | | |
| 청중의 목적 | | |
| 언제 | | |
| 어디서 | | |
| 스토리의 개괄 | | |

## 2) 스토리 만들기

다음은 스토리를 만들어 보는 것이다. 스토리는 한마디로 한 편의, 한 뭉치의 이야기이다. 프레젠테이션은 전체적으로 한 덩이의 이야기가 되어야 하며, 각 단계별로도 물론 유기적인 관계를 가져야 한다. 그래야 통일성이 있고, 주제가 분명하게 드러나게 된다. 그리고 모든 단계는 주제를 향해 배열되어야 한다.

스토리텔링 프레젠테이션을 할 경우, 사례를 들 경우가 많은데, 사례는 프레젠터의 개인적인 사례일수록 청자의 감동을 살 수 있다. 왜냐면 자신의 이야기이기 때문에 구체적으로 사건의 개요와 정서를 보다 정확하고 섬세하게 전달할 수 있기 때문이다. 그렇지 않으면, 자신이 감동적으로 읽은 책에서 사례를 가져올 수도 있고, 간접적 경험을 가져올 수도 있다.

말하고자 하는 바는 자신이 감동하지 않은 그 어떤 사례도 청중을 감동시키지 못한다는 것이다.

이야기는 예부터 사람들의 즐겨 듣는 것이며, 이야기에는 인생드라마의 시작과 끝이 있다. 발단으로 시작해서 전개, 위기, 절정, 결말의 5단계로 스토리를 진행해 나가도 좋고, 시작, 중간, 끝이 되어도 좋다.

팀일 경우, 각자 어떻게 스토리를 이어 갈지 의견을 낸다. 이때 유의할 것은, 주제와 콘셉트를 미리 정하는 것이다. 주어진 제목이 '대학 축제의 새로운 방향 모색'일 경우, 콘셉트를 뭐로 할 것인가가 정해져야 한다. 콘셉트란 주 이미지라고 해도 좋고, 핵심 모토라고 해도 좋다. 만일 콘셉트가 '젊음의 역동'이라고 한다면, 이 콘셉트에 맞춰서 주제가 정해져야 하고, 스토리는 이에 맞춰서 전개되어야 한다.

이런 경우, 브레인스토밍(brain storming)을 하면 많은 도움이 된다.

### (1) 브레인스토밍

브레인스토밍은 대안을 만들어 낼 때 3인 이상이 모여 자유롭게 아이디어를 내놓는 회의 방식이다. 한 가지 문제를 놓고 회의를 통해 여러 가지 아이디어를 구상하는 방법이기 때문에 짧은 시간에 많은 아이디어를 만들어 낼 수 있다.

브레인스토밍은 한 가지 주제를 놓고 회의를 하기 때문에, 따라서 회의 주제는 구체적이어야 한다. 보통 사회자 1명, 기록자 1~2명, 발표자 6~12명이 한 조를 이룬다.

브레인스토밍을 위해 가장 중요한 것은 반드시 자유로운 분위기를 유지해야 한다는 것이다. 강압적이지 않고 자유로운 복장과 분위기 속에서 토론을 할 수 있도록 하는 것이다. 또한 질보다 양을 중요시한다. 많은 아이디어에서 좋은 아이디어가 있을 확률이 높기 때문에 아이디어의 좋고 나쁨의 판단을 하지 않고 생각나는 대로 많은 아이디어를 만들어 낸다.

그리고 상대방이 어떤 아이디어를 내든지 비판하지 않는다. 한번 비판하고 야유하기 시작하면 아이디어를 내어놓기가 쑥스러워지고 위축이 되어 아이디어를 잘 내지 못하게 되므로, 브레인스토밍의 효과가 사라지게 된다. 만약 자신의 아이디어가 고갈이 되었을 경우는 말하지 않고 그냥 있는 것보다 다른 사람이 제출한 아이디어를 결합하거나 자신의 생각을 더해서 발표할 수 있어야 한다.

아이디어를 발표한 후에는 항목을 나누어 정리한다. 중복성이 높은 것과 가치가 없는 것을 제거하고 정리한다. 토의를 통해 문제해결 효과가 가장 뛰어나고 실현 가능성이 높은 아이디어를 만들어 낸다. 최종적으로 얻어진 결론을 구체화하여 문제를 해결하면 된다. 그리고 브레인스토밍을 통해 가능한 많은 대안을 모아야 한다.

출처: 네이버 지식백과, 브레인스토밍[brainstorming](천재학습백과 초등 사회 용어사전).

즉, 브레인스토밍은 그야말로 두뇌를 집중적으로 가동시켜 아이디어를 생산해 내는 것이다. 그리고 생산해 낸 아이디어들을 연결하면 의외의 참신하고 기발한 문장들이 탄생하게 된다.

- 모든 브레인스토밍 회의의 유일한 기본 요소는 '오즈의 네 가지 규칙'에 따른다.

① 비판은 배제된다: 아이디어에 반대적인 비판은 유보된다.

② 자유분방함은 환영받는다: 길들여지지 않은 아이디어일수록 더 좋다. 생각해 내기보다 길들이기가 더 쉽다.

③ 다다익선이다: 아이디어가 많으면 많을수록 성공할 가능성이 높다.

④ 결합과 개선을 추구하라: 자신의 아이디어를 내놓으려고 노력할 뿐만 아니라 남의 아이디어를 어떻게 더 개선할 수 있는지, 다른 아이디어와 결합할 수 있는지 제안해야만 한다.

알렉스 오즈번(Alex Osborn)은 세계에서 가장 큰 광고회사 중 하나인 BBDO의 부사장에 취임했을 때, 회의가 항상 부정적으로 흐르는 것을 목격했다. 이러한 상황에서는 제안된 아이디어는 모두 질식사했으며 이러한 사실을 잘 알고 있는 아이디어맨들은 하나같이 침묵했다.

오즈번이 개발한 아이디어 회의에는 12명의 사람이 둥근 테이블에 앉고 그들에게 문제가 하나가 주어진다. 이때 문제는 구체적일수록 좋다. 모든 사람은 머릿속에 아이디어가 떠오르는 대로 자유롭게 내놓는다. 회의는 황소가 돌진하듯 강행군으로 진행된다. 어떤 비판도 부정적 생각도 허용되지 않는다. 아이디어에는 제한도 없다. 누구도 남의 아이디어를 비웃어서는 안 된다. 다른 사람의 아이디어에 히치하이크해서 발전시키는 것은 적극적으로 권장된다. 서기는 모든 아이디어를 기록해야 한다. 시간에 제한을 두어야 하고 정해진 시간에 회의를 마친다.

다음 날 의장은 복사된 아이디어 리스트를 범위별로 분류한다. 그다음 고객 담당 임원이 그 아이디어들을 평가한다. 이때는 회사의 정책을 어긴다거나 비용이 너무 많이 든다는 식의 코멘트를 해도 좋다. 단, 새로운 아이디어에 대한 거부권을 가진 사람은 구체적으로 제안을 반대하는 분명한 논거를 가지고 있어야 한다.

BBDO는 이런 브레인스토밍 회의를 일상적인 정책으로 삼아 왔다. 1956년 47명이던 고정 브레인스토밍 패널들이 401개의 회의를 열었고, 거기서 3만 4천 개의 아이디어가 쏟아져 나왔다. 이 가운데 6%가 채택되고 발전되었다. 연간 약 2천 개의 가치 있는 아이디어들이 산출되었다는 것이다. 이 아이디어들은 브레인스토밍이 아니었다면 태어나지 못했을 것이다.

출처: Clark(2003).

## 활동지

암기력을 높이는 방법에 대한 브레인스토밍을 해 보자.

### (2) 아이디어의 나무

**'아이디어의 나무'를 그릴 때 유의할 점**

이것은 토니 부잔(Tony Buzan)의 마인드맵과 유사하나, 보다 단순한 면이 있다.

**그리는 방법**

1. 뿌리를 포함하여 나무 기둥을 그린다. 기둥에 주제를 적는다.
2. 오른쪽에 나뭇가지를 그린다. 이 부분은 정서적인 부분이다. 왜냐면 우리의 뇌에서 우뇌가 정서를 담당하기 때문이다. 오른쪽 나뭇가지에 떠오르는 정서의 아이디어를 적는다. 이 부분이 소주제가 된다.
3. 왼쪽에 나뭇가지를 그린다. 이 부분은 이성적인 부분이다. 우리의 좌뇌는 이성적인 부분을 담당하기 때문이다. 각 나뭇가지에 이성적, 합리적, 논리적인 아이디어를 적는다. 이 부분도 소주제가 된다.
4. 나뭇가지는 점차 가늘어지게 그리고, 여러 다른 잔가지들을 가지게 된다. 각 잔가지 나뭇가지들에도 정서적, 이성적 아이디어를 적는다.
5. 나뭇가지에 아이디어의 나뭇잎을 그린다. 그리고 각 나뭇잎에 떠오르는 아이디어를 적는다. 이때는 떠오르는 단어들을 적는다.
6. 각 나뭇가지, 그리고 잔나뭇가지, 나뭇잎들에서 채택할 부분과 채택된 부분을 짙은 색으로 아웃라인을 그려 채택되었음을 표시한다.

아이디어의 나무에 포스트잇으로 나뭇잎을 만들어, 그 잎 위에 단어들을 적어서 붙이면 보다 입체적이다.

그러면 다음과 같은 그림이 된다.

모두 그린 후에, 다음과 같이 아이디어의 나무를 한 문단으로 정리한다. 즉, '우리는 다음과 같은 주제로 발표, 혹은 연설, 혹은 프레젠테이션하고자 한다. 주제는 ○○○이며, 이러이러한 소주제를 가질 것이며, 각 소주제는 이러이러한 생각들을 포함하고 있다.' 등이다.

## 활동지

아이디어 나무 그리기

주제: 조별로 자유롭게 정함.

### (3) 마인드맵(Mind Map)

다음은 마인드맵을 이용해 보자. 다음은 『교실 밖 이야기』(정선화, 2017)에 나오는 마인드맵 기법에 관한 것이다.

**마인드맵으로 구상하기**

"아이디어 발상법이자 생각 정리법으로 널리 알려져 있는 마인드맵은 글쓰기에서도 아주 유용합니다. (글의)구상단계에서 마인드맵을 그리면 구상한 내용을 잘 정리할 수 있습니다. 그뿐 아니라 이후 개요를 짤 때, 즉 문단별로 쓸 내용을 정리하고 체계를 세울 때 도움이 됩니다. 마인드맵에서 문단별 소재와 얼개를 빼내는 거지요.

마인드맵은 영국의 언론인이자 교육학자인 토니 부잔이 개발한 학습법이자 발상법입니다.

종이에 펜으로 쓰고 그리는 것이 기본이자 전부입니다. 종이의 중앙에 핵심 단어와 이미지를 넣고 방사형으로 뻗어 가면서 주요 단어나 기호를 써넣거나 간단한 그림을 그려 넣습니다. 방사형 구조를 쓰는 이유에 대해, 토니 부잔은 '대자연의 구성 원리와 같고 뇌의 뉴런과 닮아 있다.'라고 말했습니다."

작성원칙

① 중심에서 시작한다.

② 이미지나 사진을 이용해서 중심 생각을 그린다.

③ 색깔을 사용한다. 3가지 이상 사용하되, 범주별로 같은 색상을 쓴다.

④ 중심 이미지에 굵은 가지를 연결한다. 굵은 가지에 가는 가지를 연결한다. 그리고 가는 가지에서 더 가는 가지로 연결한다. (방사선 구조)

⑤ 구부려 흘러가게 가지를 만든다.

⑥ 각 가지마다 단어는 하나만 쓴다.

⑦ 되도록 이미지를 많이 사용한다.

그리는 순서

① 종이를 가로로 길게 놓는다.

② 종이 중앙에 가장 핵심이 되는 단어를 써넣는다.

③ 중앙에 이미지를 색깔 펜으로 그려 넣는다.

④ 주요 주제에 관한 생각을 가지마다 단어 한 개씩 써넣는다.

⑤ 가지를 계속 이어 간다.

⑥ 다음 주제를 계속 써넣는다.

⑦ 가지의 수를 계속 늘려 간다.

출처: 장선화(2017).

다음은 레이먼드 카니(Raymond Carney)의 강연 내용 중 마인드맵의 가치에 대해 언급한 부분이다.

마인드맵의 가치는 연설을 준비하거나 기사를 쓸 때 두 배로 증가한다. 작가는 생각의 나뭇가지들에 의해 새롭고 한층 대담한 사고를 하도록 끊임없이 자극받는다. 동시에 키워드나 이미지는 장황한 말과 글 속에서 주요 요점이 간과되지 않도록 하는 역할을 한다.

마인드맵은 특히 페이지를 넘기지 않고도 청중에게 연설의 전체 구조와 요점을 미리 알려 주는 것이 가능하다. 항상 한 장의 용지에 작성하기 때문에 청중에게 자신이 말하고자 하는 바를 미리 알려 줄 수 있고, 자신감을 가지고 논지를 입증하기 위해 요점을 되풀이하여 강조할 수도 있다. 직선식 노트로 연설할 때의 위험성은 단순히 원고가 멈춰 버리는 곳에서 연설이 끝나 버리는 것이다. 연설을 중간에 그만두어야 하는 상황은 본질적으로 아무 때나 일어날 수 있는데, 이때 내용의 중요성이 우선이기보다 연대기적 순서에 의해 결정되어 버린다.

연설자가 자신의 연설 주제에 대해 완전히 파악하고 있다면, 키워드는 열정을 불러일으키는 촉매 역할을 해서, 중요한 내용을 전하기보다 유효 기간이 정해진 사실(즉, 연설은 주제의 생명이 시작됨과 더불어 시작되고 생명이 끝남과 동시에 끝나 버린다)만을 무미건조하게 낭송하는 대신 원고 준비 없이도 즉석에서 연설할 수 있게 한다. 만약 연설자가 주제를 완벽하게 파악하지 못하고 있다면, 직선식 연설문은 연설을 더욱 악화시킨다. 기사를 쓰든 연설을 하든, 마인드맵은 프레젠테이션이라는 대양을 항해하기 위한 배의 운전대와 같은 것이다. 이것은 마인드맵이 프레젠테이션에 유용하다는 것을 입증하고 있다.

출처: Buzan & Buzan(2006).

## 토니 부잔이 그린 마인드맵

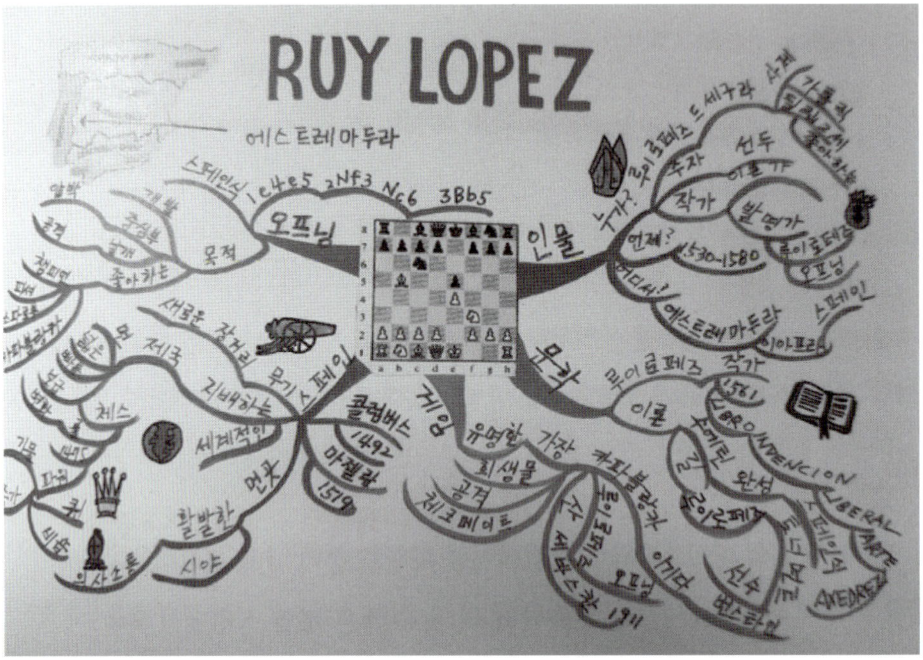


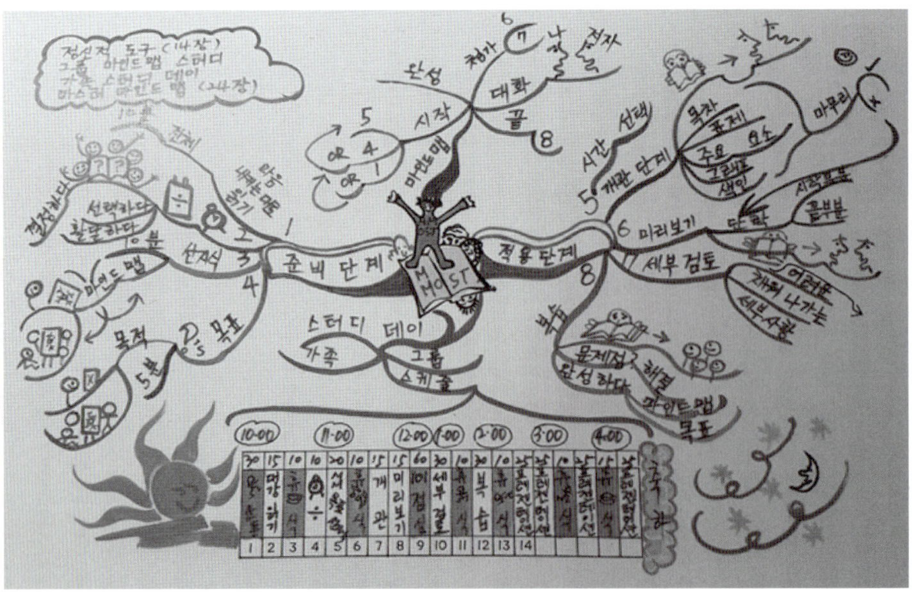

### 프레젠테이션 마인드맵의 장점

① 청중과 눈을 맞추는 횟수가 많아져서 교감을 나눌 수 있다.

② 연설 중 화자가 자유롭게 움직일 수 있다.

③ 화자와 청중을 밀접하게 연결시킨다.

④ 더욱 폭넓은 영역의 두뇌 기능을 활용한다.

⑤ 청중의 요구에 맞춰 프레젠테이션을 조절할 수 있고, 프레젠테이션 시간을 정확하게 지킬 수 있다.

⑥ 키포인트를 변경하거나 확장하기가 쉬워진다.

⑦ 화자나 청중 모두에게 기억되기 쉽고, 효과적이고, 재미있는 시간을 마련해 준다.

⑧ 화자 자신에게 자유를 부여한다.

프레젠테이션 마인드맵은, 파워포인트나 스크린이 없어도, 강연 무대 앞쪽 벽면에 작성한 마인드맵을 펼쳐서 붙여 놓고 마인드맵을 설명해 나가는 것이다.

출처: Buzan & Buzan(2006: 304).

### 3) 자료 수집 및 선별

주제가 주어지거나 혹은 정해지면, 그 주제에 필요한 자료를 수집해야 한다. 자료는 관련 도서 및 인터넷 사이트, 연구논문 등 모든 광범위한 영역의 자료가 필요하다. 자료를 찾는 과정에서 필요한 자료의 부분은 기록하거나 복사를 해 둔다. 그리고 자료를 모아 둘 때는 반드시 출처를 함께 기록해 둔다.

자료 수집이 끝나고 선별에 들어갈 때는, 꼭 필요한 자료만 남기고 나머지는 과감히 버린다. 물론 버릴 때도 만일을 대비하여 이들을 따로 보관해 두면 좋다.

다음으로 선택한 자료들을 분류하여 포스트잇에 적어서 반 전지나 혹은 B4 용지에 스토리에 따라 나열하며 붙인다. 각 자료는 반드시 주제와 밀접한 연관이 있어야 하며, 전체 스토리에 기여하는 부분이 있어야 한다.

**출처를 기록하는 방법**

① 번역서일 경우

김병채 옮김(2006). 그저 고요하라. 창원: 크리슈나다스 아쉬람. Sri H.W.L. Poonja(1998). *The Truth Is.*

혹은

박현순, 이창인 옮김(2005). 융학파의 꿈해석. 서울: 학지사.

② 학회지일 경우

심혜숙 · 김정택(1990), 성격유형검사(MBTI)의 한국표준화에 관한 연구,

상담과 심리치료 학회지, Vol.3, No, 1, 44-72: 상담과 심리치료.

③ 논문일 경우

윤경희(1985), 성격특성과 학업성취와의 관계, 서울대학교 대학원 교육학과 석사학위 논문.

혹은,

김리나(1998). 아빌라의 성녀 테레사의 회심체험 연구. 석사학위논문, 서강대학교.

④ 저서일 경우

이부영(1991), 분석심리학, 서울: 일조각.

이훈구 역(1992), 성격 심리학. 서울: 법문사.

혹은

박임(2006). 라마 크리슈나. 서울: 정신세계사.

이부영(2001). 아니마 아니무스. 서울: 한길사.

⑤ 원서일 경우

Eysenk, H. J. (1977). *Crime and personality*, London: Paladin.

Jung, C. G. (1976). *psychological type*. Princeton, N. J.: Princeton University Press.

Myers, I. B., McCaully, M. H. (1985). *A guide to the Development and Use of the Myers-briggs Type Indicator*: California Consulting Psychologists Press.

⑥ 기타자료

네이버 지식백과, "자아 정체감" https://terms.naver.com/ (검색일. 2019.10.15.)

네이버 인물정보, "안병욱 [Ego identity]" https://people.search.naver.com/ (검색일. 2019.9.29.)

출처: 최려원(2021).

## 4) 스토리의 구조와 생성

이제 본격적인 구체적 스토리를 만들어야 한다. 모든 프레젠테이션 전체가 하나의 스토리가 되어야 한다. 스토리는 사람들의 호기심을 끌어당기며, 멈출 수 없는 의문을 품게 한다. 따라서 청중들은 자연스럽게 연사에게 몰입하게 된다.

스토리를 민들 때는 한 편의 드라마를 만든다고 생각하라. 혹은 한 편의 단막극, 혹은 한 편의 오케스트라를 연주한다고 생각하고 만들면, 구조적으로 탄탄해진다.

우선, 어떤 이야기로 전개시킬 것인가를 정한다. 모두 의견을 거리낌 없이 내는데, 이때 의견을 내놓는 팀원은 반드시 이유를 설명한다. 이때 사용할 수 있는 가장 좋은 형식이 PREP구조이다.

예로 들면,

P(Point): 나는 이번 프레젠테이션의 스토리를 분노의 원인에 맞추었으면 합니다.

R(Reason): 왜냐면 이번 주제가 분노를 예방하는 방법인데요. 지금까지 나온 처방들은 모두 분노를 억누르는 것에만 초점이 맞추어져 있기 때문입니다.

E(Example): 분노는 억누르는 것이 아니라, 그 원인을 아는 것이 중요하다고 알고

있습니다.

P(Point): 따라서 저는 분노를 참는 다양한 방법이 아니라 분노의 원인을 아는 것에 이번 프레젠테이션의 초점을 맞추었으면 합니다. 등이다.

자신이 프레젠터가 될 경우에는 역시 PREP 구조로써 혹은 OREO 법칙으로서 스토리를 논리적으로 전개시켜 보는 것이다. 그리고 스토리의 전체 구조는 기, 승, 전, 결이어도 좋고, 서론, 본론, 결론이어도 좋다. 혹은 발단, 전개, 위기, 절정, 결말이어도 좋다.

스토리는 스토리텔링 프레젠테이션에만 있는 것이 아니다. 그 어떤 유형의 프레젠테이션이라도 전체적으로 한 묶음의 스토리가 되어야 한다. 스토리의 구조에 관해서 스토리텔링 프레젠테이션에서 이미 자세히 설명하였으니 다시 참조하길 바란다.

### 5) 파워포인트 만들기

주제에 대한 전체적인 스토리의 구성과 스토리의 내용이 짜졌으면, 그다음에는 이 스토리를 바탕으로 파워포인트를 만들어야 한다.

먼저 프레젠테이션을 할 때 비주얼을 어떻게 만드는가를 알아보자. 여기에 '성공적인 프레젠테이션의 십계명'(Zelazny, 2016: 181~182)이 있다.

### (1) 비주얼을 만들 때

① 비주얼의 디자인을 단순하게 하라. 차트의 각주나 출처를 생략하라. 문자 비주얼에서는 단어를 30개로 제한하라.

- 스크린은 스피치의 보조자료이다. 프레젠테이션을 살아 움직이게 하는 것은 프레젠터의 스피치의 내용에 있다.
- 스크린에는 꼭 필요한 글만 적어야 한다. 그리고 그 글은 최대한 단순화시켜야 한다.
- 슬라이드에는 이미지를 넣어야 한다. 이것이 슬라이드를 사용하는 이유이기도 하다. 이미지는 글보다 훨씬 더 많은 얘기를 청중에게 한다. 그러나 많아서는 안 된다. 한 슬라이드에 하나의 이미지를 넣어라.
- 슬라이드에는 하나의 내용만 들어가야 한다. 그래야 청중들이 안도한다. 많은 내용은 듣기조차 버겁다.
- 유능한 프레젠터들은 3이란 숫사의 마법을 알고 있다. 여러분이 말할 때나 혹은 슬라이드에 글을 쓸 때, "제가 오늘 말씀드리고자 하는 것은 다음의 네 가지입니다"가 아니라 "세 가지입니다."가 되어야 한다. 3이란 숫자는 조화의 숫자다. 이런 것이 섬세함이다. 꼭 네 가지를 말하고 싶다면 이렇게 해라. 오늘 저는 000에 대해 말씀드리고자 합니다. 여기에 세 가지를 더 말씀드리고자 합니다.

다섯 가지를 말하고 싶으면 이렇게 하면 어떠할까? 오늘 저는 0000와 0000에 대해 말씀드리고자 합니다. 덧붙여 중요한 세 가지를 말씀드리고자 합니다.

② 스크린에서 가장 멀리 앉은 사람도 쉽게 읽을 수 있도록 만들어라.

- 스크린 확대에 무리가 있다면 색을 사용해라.
- 글자가 작을 경우, 프레젠터가 읽어 주는 것도 하나의 방법이다. 이것은 디테일이다.
- 명품은 디테일에서 확연히 드러난다. 성악가가 노래를 부르는 것을 보면, '숨' 하나도 놓치지 않는다. 그리고 마지막 '숨'에 이르기까지 지극한 정교함을 가지고 부른다.

③ 색상은 꾸밈이 아니라 목적을 위해서 사용하라. 강조하기 위해, 반복되는 주제를 확인하기 위해, 구별하기 위해, 상징화하기 위해 색상을 사용하라.

- 세 가지 이상의 색은 복잡하다.
- 색상을 돋보이게 하기 위해서는 바탕색을 회색 등 옅은 색을 사용하라.
- 물론 내용에 따라 사용하는 주된 색이 달라야 한다. 차가운 색, 따뜻한 색, 흥분을 일으키는 색, 신중함을 기하는 색, 회상을 불러일으키는 색이 모두 다르다.
  - 본능을 자극하는 색, 식욕을 자극하거나, 스포츠나 그밖에 에너지를 올려 분위기를 고조시키는 색은 제1 차크라에 속하는 붉은 색이다.
  - '우리'라는 한 묶음의 연결된 힘, 마음을 모을 때는 제2 차크라인 주황색이다. 이 색은 가족이라는 의미, 공동체라는 의미를 가진다.
  - 제3 차크라인 노란색 계열은 조화를 의미한다. 음과 양, 여성과 남성, 젊은 층과 노년층, 구세대와 신세대, 극과 극 등의 조화이다.
  - 제4 차크라인 초록색 계열은 평화와 사랑, 온화함과 친절함을 의미한다. 인간이 추구할 수 있는 가장 아름다운 경지다.

- 제5 차크라인 파란색은 지혜의 색이다. 이성적이고 합리적이며 논리적인 지식을 말하려면 파란색 계열이 필요하다.
- 제6 차크라인 인디고 색은 깊은 지혜를 의미한다. 지혜와 슬기를 담고 싶으면 인디고 색을 사용하라. 인디고 색은 그대를 사유의 평원으로 인도할 것이다.
- 제7 차크라인 보라색은 신의 자리다. 영혼의 고귀함에 가까워지고자 염원한다면 보라색 계열을 사용하라.

④ 특수효과는 최소화하고 내용에 필요한 것만 사용하라.

- 영상을 가져올 경우, 최소한의 시간만 할애하라. 물론 이 영상도 주제를 향해 배열되겠지만, 만일 프레젠터의 프레젠테이션보다 청중이 영상에 더 깊이 빠져든다면, 프레젠터로서는 절반의 성공이다.
- 스티브 잡스의 경우, 보조 출연자가 간간이 나오는데, 보조 출연자가 나오면 우선 청중의 분위기를 활력화시키는 효과가 있다. 그래서 자칫 지루한 프레젠테이션을 신선하게 만들 수가 있으며, 프레젠테이션 전체에 역동을 부여한다.
- 대학에서 프레젠테이션을 할 경우, 팀원들이 프레젠터의 보조역, 혹은 프레젠테이션의 내용을 보충하거나 일정한 어느 부분을 설명하기 위해 보조 프레젠터가 될 수도 있다. 그러나 이 모든 것은 보조역할이다. 주 역할은 프레젠터의 프레젠테이션이다.

⑤ 제작 기한을 넉넉하게 잡아라. 비디오나 음향 등 요소가 추가되면 프레젠테이션을 제작하는 데 더 많은 시간과 비용이 든다.

- 좋은 작품에는 시간과 노력이 든다는 것은 주지의 사실이다. 리허설을 하기 위해 시간을 넉넉히 잡고, 연습하고, 연습하고 또 연습해야 한다. 그리고 연습은 실제처럼 하여야 한다.
- 리허설은 또 다른 실황임을 명심하라.

출처: Zelazny(2016).

### 스크린의 숫자

카마인 갈로(Gallo, 2010)는 스티브 잡스가 숫자를 말할 때마다 스크린에는 그에 해당하는 숫자만 떴다고 한다. 깊이 들어가면 이것은 통계로까지 이어지고 단순히 말하면 숫자의 상징성을 말하기도 한다. 숫자는 영상만큼 많은 얘기를 담고 있다.

그리고 한 화면에 하나의 숫자만 띄운다는 것은 숫자를 강조하기 위한 것임은 물론이다. 이 하나의 숫자를 강조하기 위하여 스크린 나머지를 여백처리를 하는 것이다.

이것은 또한 슬라이드를 단순화하라는 뜻이기도 하다. 그 슬라이드에는 그 슬라이드가 말하고자 하는 핵심만 들어 있으면 된다. 이것이 숫자든 단어이든 문장이든 상관이 없다. 물론 문장은 단문일수록 효과적이다.

슬라이드에 많은 글이 적혀 있을 때 청자들은 슬라이드를 보느라, 혹은 프레젠터를 보느라 하나는 놓치게 되어 있으며, 사실 슬라이드에 적힌 많은 글은 청자들에게 부담이 된다.

많은 내용을 전달한다고 해서 유능한 프레젠터가 아니다. 청중은 많은 것을 기억하지 못하며, 하려고도 안 한다. 한 슬라이드에 하나의 전달 내용만 실어도 성공이다.

숫자처럼, 상징성을 지닌 영상이나 단어나 문장은 프레젠테이션 전체를 내포하기도 한다.

### 발표를 할 때

⑥ 프레젠테이션 전에 연습하고, 연습하고, 또 연습하라. 프레젠테이션하면서 연습하는 것은 너무 늦다. 프레젠테이션하기 전에 완전히 숙지하고 미리 질문을 예상해 놓으면 프레젠테이션을 할 때 여유가 있을 것이다.

- 프레젠터는 프레젠테이션의 내용을 암기하려 해서는 안 된다. 이 방법은 실패의 지름길이다. 프레젠테이션의 내용을 암기해서 하려는 프레젠터를 보면 그들의 두 눈은 위로 향해 뭔가 찾으려는 듯 보인다. 그리고 암기해 내느라고 청중을 쳐다볼 시간이 없다.
- 중간에 기억이 나지 않으면, 그 당황함이란 모든 내용을 잊게 만든다. 연습하되, 암기하지 마라. 혹시 잊어버릴 것이 염려가 되면, 포스트잇에 자신이 염려되는 부분을 적어 간직하면 된다.

⑦ 프레젠테이션 장소에 일찍 도착해서 기술 담당자들과 함께 기술 관련한 부분을 자세히 검토한다. 오디오와 비디오 그리고 그에 들어갈 소프트웨어와의 호환 가능 여부를 확인한다. 스크린 주변은 어둡게 하고 회의실 나머지는 밝도록 조명이 조정되는지 확인하라. 프레젠테이션 도중에 파워포인트나 스크린에 문제가 발생했을 경우, 누구를 불러야 하는지 확인해야 한다.

- 기술적인 부분까지 프레젠터가 알기 어려우면 기술 담당자의 도움의 받거나

팀원의 도움을 받도록 미리 얘기를 해 놓는다.

- 극히 사소한 기술적인 부분이 전체 프레젠테이션의 진행을 망칠 수 있다.

⑧ 백업 자료를 준비하라. 예상치 못한 일이 발생하는 것을 막을 수 있을 만큼 프레젠테이션을 준비할 수는 없다.

⑨ 청중의 질문에 답하는 동안, 또는 토의를 시작할 때 검은 화면을 활용하라. 검은 화면은 사용하면 청중이 비주얼에 주의를 뺏기지 않고 당신에게 집중할 것이다.

⑩ 지금까지 말한 십계명 중 적어도 일곱 가지는 항상 지키려고 노력하라.

출처: Zelazny(2016: 181-182).

## 무대울렁증

혹시 무대울렁증이 있어 말을 더듬는가? 그러면 이 말이 도움이 될 수 있을 것이다. GM의 잭 웰치(Jack Wekh)의 어머니 말이다. “그건 네 머리가 정말 좋기 때문이야. 네 혀가 너의 똑똑한 머리를 따라갈 수 없어서 말을 더듬는 거란다.” 물론 이것은 부단한 노력을 하고 난 뒤의 일이다. 첫 번째는 우선 무대 위에서 연습하고, 연습하고 또 연습하는 것이다. 두 번째도 연습하고 연습하는 것이다. 세 번째도 연습하는 것이다. 그래도 안 되면 이것은 심리적인 이유다. 물론 물리적인 이유도 있을 것이다. 이때는 도움을 청하고, 이유를 알고 고쳐서 유능한 프레젠터로 다시 태어나면 된다.

무대울렁증은 누구에게나 있다. 나에게만 있는 것이 아니다. 때로는 실패도 아름답다. 더듬는 말이 더 진실하게 다가오는 것처럼 말이다. 그러나 초보들에겐 완벽하게 하기 위해 부단히 노력하는 것이 미덕이다.

무대울렁증을 고치고 싶다면, 반드시 그룹원들 앞에서 시연하여 피드백을 받도록 한다. 처음 프레젠테이션할 때는 쉬이 진정되지 않겠지만, 심리적인 이유가 없는 한 연습하면 많이 완화된다. 누구나 처음에는 무대울렁증을 경험한다.

### (2) 차트 사용

차트(chart)는 각종 자료를 알기 쉽게 정리한 일람표이다. 그리고 차트를 표현할 수 있는 방법 중 하나에 그래프가 있다. 그래프는 여러 가지 자료를 분석하여 그 변화를 한눈에 알아볼 수 있도록 나타내는 직선이나 곡선이다.

기본적인 그래프에는 원그래프, 가로 막대그래프, 세로 막대그래프, 꺾은 선 그래프, 점 그래프가 있다. 분포도를 나타낼 경우에는 원그래프가 적격이다. 가로 막대그래프와 세로 막대그래프는 한 항목을 비교할 때 유용하다. 꺾은 선 그래프는 변화의 추이를 아는 데 도움이 되며, 점 그래프는 두 항목의 상관관계를 나타내는 데 도움이 된다.

■ **다양한 차트**

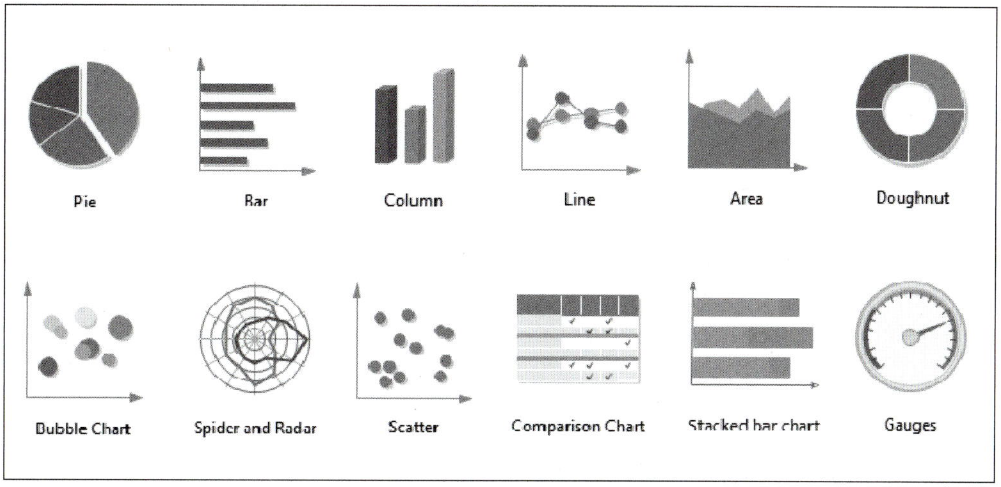


출처: 구글 이미지 검색(google/image/various chart).

## 6) 리허설

리허설은 실전처럼 해야 한다. 시간적, 공간적 배경이 실제 프레젠테이션과 유사하면 할수록 좋다. 프레젠테이션이 실제로 실행될 장소에서 3, 4일 전부터 찾아가서 연습해 보면 더욱 좋다. 왜냐면 실제 프레젠테이션을 진행할 때, 장소에 대한 익숙함을 느낄 수 있고, 장소의 기기 배치, 조명, 의자와 책상의 등 공간의 배치 등도 살펴볼 수 있기 때문이다.

리허설은 실전처럼 하기 위해서는 의상도 같은 것으로 준비하고, 파워포인트도 직접 미리 사용해 본다. 스크린을 사용할 경우는 리허설 때도 스크린을 실제로 사용해 본다. 마이크도 시험해 보고, 그 울림 정도를 알아 둔다.

이때 반드시 피드백을 해 줄 동료와 동행하면 효과적이다. 만일 리허설을 할 사정이 못되면 다른 장소에서 거울을 보며 연습한다.

# 5. 프레젠테이션 실행단계

## 1) 실행 전 점검할 사항들

### (1) 의상

일반적으로 단정한 정장일 경우 무리가 없다. 너무 고급지거나 화려한 것은 청중들에게 상대적인 박탈감을 준다. 물론 프레젠테이션의 내용에 따라 정장의 색깔이 달라야 하겠지만, 너무 밝은 색상은 눈에 피로감을 준다. 스티브 잡스는 프레젠테이션할 때 청바지와 셔츠, 혹은 스웨터를 입곤 했다. 이것은 의상의 파격이 아니라 자신감에서 나온다고 봐야 한다. 그도 초보일 때는 정장을 입었다.

화려한 장식은 피한다. 청중의 시선이 여기에 머물기 쉽다. 일반적으로 감색, 짙은 회색을 많이 선택하며, 흰 와이셔츠에 너무 튀지 않는 넥타이를 남성들은 즐겨 시용한다. 여성들도 남성들과 다르지 않다. 어성성을 강조할 경우도 있지만, 프레젠터가 여성이라서 특별히 제한을 둘 필요는 물론 없다.

### (2) 목소리

의외로 소리에 민감한 사람들이 있다. 목소리의 크기와 높낮이는 장소에 따라 달리해야 한다. 음성보다 더 유의할 부분은 물론 말의 양이다. 프레젠테이션할 경우, 많은 양의 말은 청중을 그야말로 지치게 한다. 말을 하는 프레젠터도 그리고 듣는 청중도 휴식이 필요하다.

그리고 분명한 발음을 위해서는 발성법, 발음 연습도 필요하다. 노래를 하기 전 목소리를 다듬는 것과 같다. 아, 에, 이, 오, 우도 좋고, 가, 나, 다, 라, 마, 바, 사도 좋다. 자기 나름의 효과적인 발음 연습이 있다면 좋다.

### (3) 프레젠테이션에 필요한 시간

청중은 10분 이상 프레젠터에 집중하기 어렵다고 한다. 때문에 30분의 프레젠테이션의 경우, 10분마다 분위기 쇄신이 필요하다. 이럴 경우, 유머를 사용한다든지, 아니면 스크린에 10분 동안 프레젠테이션의 콘셉트를 화면으로 띄운다든지 해서, 잠깐의 휴식을 주는 것이 좋다. 그렇지 않으면 보조 출연자를 등장시켜 청중의 관심을 잠시 딴 곳으로 돌리는 것도 도움이 된다. 물론 이것도 주제와 연관성이 있어야 한다. 박지영(2016)은 프레젠테이션의 시간은 20분을 넘기지 않아야 한다고 하였다.

### (4) 사용될 기기 점검

프레젠테이션에 사용할 모든 기기들을 점검한다. 컴퓨터, 파워포인트, 마이크, 청중들의 좌석, 프레젠테이션의 공간, 공간의 조명, 그리고 긴급할 경우 도와줄 구성원들을 대기시키고, 보조 출연자가 있을 경우, 역시 다시 부탁을 드리고 대기를 청한다.

프레젠테이션을 할 경우, 프린터가 나갈 경우가 있는데, 시작 바로 전 나누어 주게 되면 프린트물을 보느라 프레젠터에 집중을 안 하게 된다. 또 발표 중간에 나누어 주면 집중도가 떨어지며, 프레젠테이션 장면 자체가 조각나 버린다. 대체로 바람직한 것은 청중들에게 프레젠테이션이 끝난 후에 프린트를 배부할 것이라고 미리 알리는 것이다. 물론 프레젠테이션이 끝나자마자 다시 공지되어야 한다.

## 2) 실행

프레젠테이션할 때는 누군가 친한 한 사람에게 얘기하듯 한다. 중앙, 오른쪽, 왼쪽을 돌아볼 때 누군가는 집중해서 듣는 사람이 있을 것이다. 그 사람들에게 초점을 맞추어 자연스럽게 얘기한다. 프레젠터가 고개를 빈번히 돌리면 청중이 혼란스러우며 어지러움조차 느낀다.

박지영(2016)은 스티브 잡스는 프레젠테이션할 때 시연을 보이거나 특정한 동작(쇼)을 했다고 한다. 즉, 잡스는 '아이팟 나노' 출시를 발표할 때, 자신의 청바지 동전 주머니에서 "여기 왜 이 주머니가 있는지 모르겠네요"라는 재치 있는 멘트와 함께 그 작은 주머니에서 아이팟 나노를 꺼내는 장면을 연출했다고 한다. 모두 마술쇼를 보듯 놀라웠다고 저자는 얘기하고 있다. 또 노트북이 얇다는 것을 부각시키기 위해 서류 봉투 안에 노트북을 담아 내보였다고 한다. 여러분도 이렇게 연출을 해 보인다면, 청중들은 훨씬 신선하게, 그리고 가득 찬 호기심으로 프레젠터에 집중할 것이다.

프레젠테이션에서 가장 염두에 둘 대상은 청중이다. 청중은 시간을 내고 프레젠테이션에 참석한 것이다. 따라서 오늘 이 자리에 참석한 것이 정말 잘된 결정이었다는 것을 스스로 느끼게 만들 의무가 프레젠터에게 있다.

강의실에는 일반적으로 창가 쪽에 컴퓨터가 종종 놓인다. 이럴 경우, 프레젠터는 컴퓨터 화면이 가려지지 않게 위치해야 한다. 이때 파워포인트를 넘겨 가며 설명하게 되는데, 역시 화면이 가려지지 않도록 유의한다. 그리고 중앙에 스크린이 있을 경우, 스크린 오른쪽이든 왼쪽이든 스크린 전면이 청중들에게 잘 보여야 한다. 프레젠터가 포인트를 주기 위해 작은 봉을 사용할 때가 있는데, 꼭 필요한 경우에만 사용한다. 이것은 자칫 권위적으로 비춰질 수 있기 때문이다.

발표를 할 경우, 프레젠터는 한 곳에서만 있는 것이 아니라 동적이어야 한다. 그러나 잦은 움직임, 혹은 청중이 자세를 돌려야 할 정도의 큰 움직임 등은 분위기 전체를 산만하게 한다. 사실 청중의 처지에서 보면 어지럽고 혼란스럽다. 리허설을 할 경우, 이 부분에서 꼭 적절한 조언을 받도록 한다. 왜냐면 이러한 움직임은 종종 개인의 습관에서 오기 때문이다.

프레젠테이션의 3요소는 발표자, 청중, 그리고 내용이다. 내용에는 주제와 콘셉트가 들어간다. 여기서 단연 으뜸은 청중이다. 청중이 있기에 프레젠터가 있고 프레젠테이션을 할 수 있는 것이다.

### 3) 질의응답

프레젠테이션 끝 마무리는 질의응답이 된다. 물론 예상되는 질문에 대해 프레젠터는 미리 답을 준비해 가야 한다. 만일 준비된 답이 아닐 경우엔, 보조 그룹원에게 답변을 부탁할 수도 있고, 또 시간이 많이 걸리는 질의일 경우엔 따로 자리를 마련해 드리겠다는 약속을 할 수도 있다. 왜냐면 청중들은 예정된 시간보다 늦게 마치는 것을 결코 좋아하지 않기 때문이다. 그리고 질문에 대해 청중의 참여를 유도하기 위해 청중의 답변을 유도해 보는 것도 하나의 방법이다.

"○○○분이 이런 질문을 하셨습니다. 혹시 여러분들 중 이 질문에 대해 답을 가지고 계시면 말씀해 주셨으면 합니다."

현명하다면 5분 정도는 일찍 마치는 것이 청중들에게는 마치 보너스를 받는 기분을 줄 것이다. 보너스도 능력이 있어야 줄 수 있다.

## 활동지

이제 여러분이 프레젠테이션을 직접 해 보자. 조별로 모여 지금까지 배운 것을 동원하여, 그리고 여러분의 창의성을 더하여 멋진 프레젠테이션을 해 보자. 주제는 여러분들이 조원들과 의논하여 결정한다. 프레젠테이션에 주어진 시간은 20분이다.

### 4) 마무리

마무리는 프레젠터가 청중들에게 프레젠테이션 참가에 대한 고마움과 자신이 청중들을 모시고 프레젠테이션을 할 수 있었던 기쁨을 전하는 것으로 끝이 난다. 그리고 문의할 부분이 있으면 메모나 문자를 남겨 달라고 부탁한다.

다시 한번 이번 프레젠테이션의 주제를 얘기하고 끝을 맺는다. 예를 들면, '오늘 저는 ○○○○○에 대하여 여러분들을 모시고 프레젠테이션을 하였습니다. 부디 좋은 시간이 되셨기를 바랍니다.' 등이다.

## 6. 피드백

동료들과 자리를 마련하여, 그날 한 프레젠테이션에 대해 가감 없는 의견을 주고받는다. 솔직해야 도움이 된다. 그리고 프레젠터가 한 수고로움에 대해서는 고마움을 아끼지 않는다. 한 멤버가 피드백에서 주고받은 내용들을 기록해 두었다가, 끝날 무렵 '이렇게 의견들이 나왔다'며 읽어 준다. 그리고 다음의 보다 나은 프레젠테이션을 기약한다.

**프레젠테이션 체크리스트**

프레젠테이션을 실행하기 전에는 다음과 같은 사항을 다시 점검한다.

- 비디오 녹화 및 모니터링 일정
- 최종 리허설 일정
- 필요한 장비 및 비품
- 기자재 작동 여부
- 의상

프레젠테이션 후에는, 다음과 같은 질문을 하여 본다.

### ■ 비언어/큐카드/시각자료/질의응답

| 체크사항 | 비고 |
|---|---|
| 1. 명료하고 바르게 발음하는가? | |
| 2. 대화하듯이 리듬감 있는 말투를 구사하는가? | |
| 3. 청중에게 골고루 시선을 주는가? | |
| 4. 제스처를 적절히 사용하는가? | |
| 5. 내용에 따라 말의 속도와 크기에 변화를 주는가? | |
| 6. 다양한 얼굴표정을 지으며 몸을 적절하게 움직이면서 말하는가? | |
| 7. 슬라이드를 간결하게 편집했는가? | |
| 8. 슬라이드에 의존하지 않고 발표할 준비가 되어 있는가? | |
| 9. 예상되는 질문에 대비해서 답변을 준비했는가? | |
| 10. 정해진 시간 내에 프레젠테이션을 마칠 수 있는가? | |

출처: 이동욱 · 이연주 · 정진형 · 조영주(2021: 72).

# 마치며

한 차례의 소나기가 내린 듯, 한 차례의 프레젠테이션이 끝났습니다.

마지막으로, 다음의 글을 끝까지 꼭 읽어 보길 바랍니다. 프레젠테이션하는 프레젠터의 아름다운 모습을 여기서 보게 될 것입니다.

**가장 뛰어난 기교는 서투른 것 같으며**

왜 뛰어난 기교는 서투른 것 같을까? 왜냐하면 가장 뛰어난 기교를 가진 사람은 그것을 의식하지 않기 때문이다.

피카소(Picasso)의 그림을 본 일이 있는가? 그는 가장 위대한 화가 중의 한 사람이다. 그의 그림을 본 사람들은 그 그림이 마치 아이들 그림 같다는 생각을 한다. 그것이 가장 위대한 기교이다. 마치 서투른 것 같이 보인다. 그러나 그대는 모른다. 그대가 피카소의 그림을 그려 보라. 그러면 알 것이다. 그것은 위대한 고전풍의 그림보다도 더 어려운 일이다. (중략)

현명한 사람은 피카소의 그림에서 지혜를 볼 것이다. 그러나 그의 그림은 마치 아이들 그림 같다. 어린아이들은 피카소가 그리는 식으로 그림을 그린다. 그러나 피카소가 훈련되지 않았다고 생각하지는 말라. 그는 훈련되어 있다. 기교는 더 이상 필요치 않게 되었다. 이제 그는 어린아이처럼 그릴 수 있게 된 것이다.

훌륭한 시인은 문법에 구애받지 않는다. 문법에 구애받는 것은 아마추어나 초심자들이 하는 일이다. 훌륭한 시인은 차츰 언어 자체까지도 잊어버린다. 그는 자신의 언어를 만든다. … 오직 평범한 시인들만이 문법과 운율을 본다. 그들은 모든 시작(詩作)법을 따른다.

그들은 그대에게는 완벽하게 보인다. 왜냐하면 그들에게서 단 하나의 착오도 발견할 수가 없기 때문이다. 나(나의 말)를 이해하도록 하라. 훌륭한 시인은 많은 결점을 가지고 있다. 삶이 많은 결점을 가지고 있기 때문이다. 그러나 완벽한 시인은 어떤 결점도 갖지 않는다. 그러나 그의 시는 살아 있지 못할 것이다. 오직 죽은 육체만이 실수하지 못한다. 사람들은 "실수하는 것이 사람이다."라고 말한다. 하지만 나는 이렇게 말한다. "실수하는 것은 살아 있는 것이다." 오직 삶만이 실수를 저지를 수 있다.

삶에는 완벽한 것이 없다. 그것이 바로 삶의 아름다움이다. 삶은 어린아이와 같다. 그러므로 어떤 문호가 최정상에 도달하면 모든 것은 어린아이처럼 된다. 가장 훌륭한 화가는 그림과 장난을 한다.… (중략)

**가장 훌륭한 웅변은 더듬는 듯하다.**

가장 훌륭한 웅변가는 항상 망설인다. 삶은 너무도 미묘하다. 그런데 어떻게 더듬거리지 않고 말할 수 있겠는가? 삶은 너무도 심오하다. 그런데 어떻게 삶을 말로 옮겨 놓을 수 있겠는가? 삶은 무한한 깊이가 있다. 너무도 깊기에 오직 바보만이 망설이지 않고 말할 수 있다. 오직 바보만이 확신할 수 있다. 현명한 사람은 언제나 확

신하지 못한다. (중략)

가장 훌륭한 웅변가는 말을 더듬는다. 그는 망설인다. 어떤 면에서 그는 항상 두려워한다.

출처: Osho(2015).

서투름은 완벽을 향해 나아가고, 완벽은 자연스러운 서투름을 창조합니다. 이것이 위트이고, 완벽이 가지는 다정한 휴식입니다. 그 어느 날, 이 자연스러운 서투름으로 청중들에게 호쾌한 웃음과 싱그러운 미소를 선물하는 자유롭고 유연한 프레젠터가 되길 젊은 여러분께 진정 기대를 걸어 봅니다.

# 부록

## 전화응대

# 1. 고객서비스를 위한 전화매너

## ◉ 전화응대가 중요한 이유

1. 전화는 목소리만의 커뮤니케이션이다. 말은 정확히, 천천히 적절한 음량을 사용한다.
2. 전화는 아무런 예고 없이 불시에 걸려 온다.
3. 전화통화는 상대방의 표정, 태도, 주변환경을 알기 어렵다. 통화가 길어지면 상대방의 형편을 반드시 물어본다.
4. 전화통화는 비용이 발생한다. 전화 이용 전 통화내용을 간추리는 데 필요한 메모지를 전화기 옆에 둔다면 통화시간을 줄일 수 있다.
5. 전화는 한 번에 한 명밖에 사용하지 못한다. 불필요한 전화사용은 고객과의 통화를 막는 결과를 초래함을 명심한다.
6. 전화는 증거를 남기기가 어렵다. 용건의 확인이나 재점검을 반드시 해야 한다.

## ◉ 직장인의 전화매너

### (1) 받을 때의 예절

1) 전화를 벨이 울리자마자 받는 것이 예의이다.

- 세 번 이상 벨소리가 울린 후에 받을 때에는 “늦어서 죄송합니다” 하고 전화를 받는 것이 상대방에 대한 예의이다.
- 담당자가 바쁠 경우 옆사람이 받고, 같은 부서에 걸려 온 전화를 받을

사람이 없을 때에는 자기 자리에서 멀더라도 달려가 받는다.

- 자기가 속해 있지 않은 부서에 온 전화라 해도 받을 사람이 없으면 스스로 달려가 수화기를 잡는 마음가짐이 필요하다.

2) 전화받는 사람의 목소리가 그 회사에 대한 첫인상!

- 수화기를 들면 직장 이름을 밝히고 인사부터 한다.
- '안녕하십니까. ○○회사 총무부 ○○○입니다.'
- 교환대를 거쳐서 오는 경우에는 '○○과 ○○○입니다' 혹은 직장내 전화일 경우 '○○과입니다.'라고 한다.
- 전화 통화는 항상 존댓말을 쓴다.

3) 메모를 위해 펜과 종이를 준비한다.

- 상대방의 신분이나 성명을 확인하고, 수화한 내용이 분명하지 않을 때는 양해의 말을 한 뒤 재확인한다.
- 이것은 상대방에게 실례되는 일이 아니라고 본다.

4) 전화를 받을 사람이 통화 중일 때

- '지금 통화 중이니 잠깐 기다려 주십시오' 등의 이야기로 찾는 사람이 전화를 받을 형편이 아님을 밝힐 필요가 있다.
- 또 '○○○의 통화가 길어질 것 같으니 통화가 끝나는 대로 전화를 다시 걸어 드리면 어떨까요?' 하고 예의 바르게 양해를 구한다.
- 급한 용건일 경우 메모를 써 보내어 통화 중인 전화를 일시 보류하고 긴급 전화를 받도록 한다.

5) 용건은 간단명료하게 메모한다.

- 메모 준비가 안되어 있으면, '죄송합니다. 메모를 해야겠으니 잠깐 기다려 주십시오'라고 양해를 얻은 다음, 준비가 되면 '네, 말씀하십시오.'라고 하고 메모한다.
- 메모가 끝나면 받아 적은 쪽에서 '다시 메모한 것을 읽어 볼 테니 확인해 주십시오'라고 하고 용건을 바르게 적었는지 확인한다.

6) 전화를 받을 사람이 자리에 없을 경우

- '○○○는 지금 자리에 없습니다'라고 말한 다음 '용건을 일러 주시겠습니까'라든가, '들어오는 대로 전화를 걸도록 하겠습니다' 하고 말하는 것을 잊지 말아야 한다.
- '○○○는 2시경에 돌아오리라 생각됩니다'라고 구체적으로 대답하는 것이 좋다.
- 2시가 넘어도 담당자가 돌아오지 않으면 반드시 상대방에게 늦어진다는 사실을 전화로 알려 주는 것이 상대방을 초조하게 하지 않아 회사의 인상도 더 한층 좋아질 것이다.

7) 전화를 끊을 때는 작별 인사를 잊지 말아야 한다.

- 전화의 용건이 끝나면 간단하고 따뜻한 작별 인사를 잊지 말아야 한다.
- 전화가 용무를 위한 기계라고 하지만 인사도 없이 끊어 버리는 행위는 예의 없는 몰상식한 행동이다.
- "실례했습니다." 또는 "그럼 안녕히 계십시오" 하는 인사말 정도는 하고 나서 끊도록 해야 한다.

8) 생각하면 행동이 바뀝니다.

- 수화기를 들기 전에 심호흡하듯 자세를 바르게 잡는다.
- 상대를 기다리게 할 때는 "죄송합니다만 잠시만 기다려 주십시요."라고 정중하게 양해를 구한다.
- 전화 대화 중에 다른 사람과 상의할 일이 있으면 양해를 구하고, 이 쪽의 대화가 들리지 않도록 수화기를 막는다.
- 전화가 잘못 걸려 오면 "잘못 걸었습니다. 여기는 ○○○국의 ○○○○번입니다" 등으로 수신자 쪽을 밝히는 것이 좋다.

### (2) 전화 걸 때의 예절

1) 자기의 소속과 이름을 먼저 밝힌다.

- '○○회사 총무과 ○○○입니다'
  '죄송합니다만 김 계장님 계시면 부탁드립니다' 하면 된다.
- 찾는 사람이 없는 때에는 전화 받는 사람에게
  '바쁘신데 대단히 죄송합니다. ○○회사 총무과 ○○○가 어떠한 일로 전화했었다고 전해 주시면 고맙겠습니다. 수고하십시오'라고 정중하게 부탁하도록 한다.

2) 용건의 명제를 먼저 상대방에게 알린다.

- 용건의 명제를 먼저 말하면 상대방이 용건을 빨리 이해할 수 있다.
- '오늘 모임에 대한 일입니다만' 또는 '○○회사와의 상담에 대해 말씀드리고 싶습니다' 등 간결하고 요령 있게 한다.

3) 전화가 잘 안 들리는 때에는 서슴치 말고 그 사정을 알린다.

- 상대방의 소리가 적거나 잡음이 나서 잘 안 들릴 때가 있다. 이럴 때에는 서슴치 말고 미안하다는 인사말과 함께 '전화가 잘 안 들립니다만, …' 하고 상대방에게 말하는 것이 바람직하다.
- 대화 내용을 잘 알아듣지 못하여 자꾸만 재차 묻는 것보다는 실례가 되지 않는다.

4) 업무 전화를 건 쪽에서 먼저 끊는다.

- 용건을 들을 사람 쪽이 먼저 끊으면 상대가 용건을 모두 말하기 전에 통화가 끝날 염려가 있기 때문이다.
- 그러나 전화를 걸었을 때, 상대방이 아주 윗사람이거나 경의를 표해야 할 사람일 때에는 상대방이 끊은 것을 확인하고 수화기를 놓는 것이 역시 예의에 맞는 방법이다.

5) 자주 거는 전화번호는 일람표를 만들어 둔다.

- 자주 쓰는 전화번호는 외워 두고 그 밖에는 일람표를 만들어 두는 것이 여러 모로 편리하고 유익하다.

## Tip 전화 받는 요령

1. 벨이 울리면 곧 수화기를 든다. 벨이 울리면 2번 이상 울리지 않도록 즉시 받는다. 3번 이상 울렸을 경우 미안한 의사 표시를 한다. "전화를 늦게 받아서 죄송합니다."

2. 한 손에는 수화기, 다른 손에는 필기구를 든다. 왼손으로 수화기를 들면서 다른 손으로는 메모할 준비를 한다.

3. 자신의 소속과 성명을 밝힌다. 먼저 자신의 신분을 밝힌다. "감사합니다. ㅇㅇ병원 ㅇㅇ과 ㅇㅇㅇ입니다."

4. 잘 못 걸린 전화도 정중히 받는다. 전화예절은 오히려 이럴 때 판가름이 난다. 정중히 잘 못 걸렸음을 알려 준다.

5. 용건을 잘 듣는다. 일반대화와 마찬가지로 잘 듣는 것이 중요하다.

6. 응답은 책임 있게 한다. 건성으로 전화를 받지 말고 진심으로 전화를 받는다.

7. 받은 전화내용은 확인한다. 요점을 복창할 것이며, 특히 다른 사람에게 내용을 전달하는 경우 주의한다.

8. 끝맺음의 인사를 한다. "대단히 감사합니다." 등의 정중한 인사를 잊지 않는다.

9. 수화기는 상대방보다 늦게 조용히 내려놓는다. 전화를 끊을 때 특히 조심해야 한다.

## 전화응대 모니터링 평가표 tip!

| 평가내용 | | 배점 |
|---|---|---|
| 전화 받을 때 | 밝게 받는가? | 10, 7, 5 |
| | 인사, 부서명, 이름을 밝히는가? | 5, 3, 1 |
| | 3번 이상 울린 경우 죄송한 표현을 하는가? | 5, 3, 1 |
| | 너무 빠르거나 웅얼거려 알아듣기 힘들지 않는가? | 5, 3, 1 |
| | 타 부서 연결 시 “연결해 드리겠습니다.”라는 표현을 하는가? | 10, 7, 5 |
| 전화 연결 시 | 타 부서 연결 시 “연결해 드리겠습니다.”라는 표현을 하는가? | 5, 3, 1 |
| | 엉뚱한 곳 또는 사람을 연결하지는 않는가? | 5, 3, 1 |
| | 연결이 늦어지는 경우(30초 이상) 죄송한 표현을 하는가? | 5, 3, 1 |
| 통화 중 | 고객의 물음에 반응을 보이는가? | 5, 3, 1 |
| | 목소리는 사무적이지 않는가? | 5, 3, 1 |
| | 언어표현은 정중하며 세련되어 있는가? | 5, 3, 1 |
| | 질문에 대한 지식은 충분한가? | 5, 3, 1 |
| | 발음은 정확한가? | 5, 3, 1 |
| 마무리 | 감사의 인사를 하는가? | 10, 7, 5 |
| | 고객보다 늦게 수화기를 내려놓는가? | 5, 3, 1 |
| 기타 | 통화 중 다른 사람과 이야기하지 않는가? | 5, 3, 1 |
| | 불평을 할 경우 상대방에게 동감을 하는가? | 5, 3, 1 |
| | 말을 가로막지는 않았는가? | 5, 3, 1 |
| Comments | | |
| 총계 | | |

## ■ 전화 받는 법 롤플레잉 tip!

네, 감사합니다.
○○병원 ○○과 ○○○입니다.

**용건 확인**

| 찾는 사람이 있을 때 | 찾는 사람이 없을 때 |
|---|---|
| ○○간호과장님을 찾으시는 군요.<br>잠시만 기다려 주십시오.<br>연결해 드리겠습니다. | ○○간호 과장님을 찾으시는군요.<br>잠시만 기다려 주십시오.<br>연결해 드리겠습니다. |
| ○○과장님! ○○○님으로부터 전화 와 있습니다.<br>연결 해 드리겠습니다. | ○○간호과장님이 잠시 외출 중입니다.<br>연락처를 주시면 메모를 전해 드리겠습니다.<br>저는 ○○○입니다 |
| (홀딩버튼) | (홀딩버튼) |
| 네, 감사합니다. ○○○과 ○○○입니다. | ○○간호과장님이 잠시 자리를 비웠는데요.<br>실례지만 어디라고 전해 드릴까요? |
| 감사합니다. | 혹시 급하신 일이라면 호출해서 전화 드리도록 할까요? |
| 감사합니다.<br>좋은 하루 되십시오.<br>(새해 더 건강하시기 바랍니다.) | 감사합니다. |

활동지

## 전화응대 테스트

목소리와 문자로만 상대방을 대해야 할 때 더 깍듯한 매너가 필요해집니다.
직장 동료, 클라이언트에게 당신은 얼마나 매너 있는 사람입니까?

1) 전화벨이 여러 번 울린 다음 수화기를 들었다면…

a. 평소처럼 "네, ㅇㅇ상사입니다."라고 친절하게 이야기한다.
b. "늦어져서 죄송합니다. ㅇㅇ상사입니다."라고 먼저 사과한다.
c. "늦어져서 죄송합니다. 어디신지요?"라고 상대방을 확인한다.

2) 전화를 받았는데 상대방의 이름을 잘 듣지 못했다면…

a. "ㅇㅇ… 은행 말씀이십니까?"라고 우선 들린 대로 반복해 물어, 상대의 답을 기다린다.
b. 일단 마지막까지 얘기를 듣고, "죄송합니다만 성함을 다시 한번 말씀해 주시겠습니까?" 하고 묻는다.
c. "실례합니다만, 성함을 다시 한번 말씀해 주시겠습니까?" 라고 바로 다시 묻는다.

3) 걸려 온 전화의 목소리가 잘 안 들린다면…

a. "죄송합니다만 조금 큰 소리로 말씀해 주시겠습니까?"라고 솔직하게 부탁한다.
b. "죄송합니다. 소리가 잘 안 들리는데요…."라고 조심스레 말한다.
c. "실례합니다만 연결 상태가 좋지 않은 것 같습니다. 제가 다시 걸어도 되겠습니까?"라고 제안한다.

4) 업무시작 30분 전, 아직 출근하지 않은 직원 앞으로 전화가 왔다면…

a. "죄송합니다만, ○○는 아직 출근 전입니다. 출근하는 대로 전화드리라고 전하겠습니다."
b. "죄송합니다. ○○는 잠시 다른 곳에 들렸다 오는 중이라 곧 도착할 것 같습니다."
c. "죄송합니다. 본사의 업무시간은 오전 9시부터여서, ○○는 아직 출근 전입니다."

5) 엘리베이터에 타고 있는데 비지니스 파트너에게 전화가 왔다면…

a. "죄송합니다. 제가 조금만 있다 다시 걸겠습니다."
b. "지금 엘리베이터 안이어서 연결 상태가 좋지 않습니다. 금방 다시 걸겠습니다."
c. "간단히는 통화할 수 있습니다만, 엘리베이터 안이라서 끊어질지도 모릅니다."

6) 전화 통화 중 상대방의 말에 잘 모르는 용어가 있다면…

a. 끝까지 조용하게 듣고 전화를 끊은 후 그 의미를 조사해 보거나, 주위 사람에게 물어본다.
b. "제가 아직 업무 파악이 부족해 죄송합니다만, 지금 말씀하신 ○○란 어떤 의미인가요."라고 바로 질문한다.
c. "죄송합니다만, ○○의 의미를 잘 모르겠습니다."라고 말이 끝난 다음 질문한다.

7) 회의실에서 손님과 이야기 중인 상사에게 어쩔 수 없이 전해야 할 메시지가 있다면…

a. "실례합니다. 부장님, ○○전자 김 부장님이 전화하셨는데, 어떡할까요?"라고 정중하게 물어본다.
b. "말씀 도중 죄송합니다."라고 양해를 얻은 후 부장님께 잠깐 드릴 말씀이 있다고 하면서 회의실 밖에서 말씀드린다.
c. "말씀 도중 죄송합니다."라고 양해를 얻은 후 상사에게 용건을 적은 메모를 건네고 나온다.

8) 외국에서 온 이메일을 그대로 답장하려는데 받는 사람이 남자인지 여자인지 모른다면…

a. 보내온 그대로 경칭을 쓰지 않고 이름만 써서 보낸다.
b. 'Mr./Ms. ○○○' 처럼 남녀 호칭을 다 붙인다.
c. 'Mr. ○○○'으로 쓴다.

9) 비즈니스 상대에게 이메일 답장을 보낼 때, 상대가 쓴 본문들은…

a. 민감한 트러블을 막기 위해서라도 모든 본문은 그대로 남기고 그 위에 작성한다.
b. 받았던 이메일 본문 전체를 다 남기면 메일이 길어지므로 필요한 부분만 인용하고 없앤 다음 작성한다.
c. '○○ 건입니다' 정도로만 알리고 상대방의 본문은 남기지 않는다.

10) 업무상 실수나 불편을 끼친 상대방에게 사과하는 방법으로 틀린 것은…

a. 사과는 전화나 직접 얼굴을 보고 하는 것이 당연하다. 이메일로 사과하는 것은 실례다.
b. 바쁜 상대방을 번거롭게 하는 것보다 진심 어린 내용이라면 이메일로 사과하는 편이 낫다.
c. 먼저 사과의 전화를 걸고 상대가 부재중이면 다시 연락드리겠다는 내용의 이메일을 남긴다.

## 정답 보기

1. 정답은 b.

2. 정답은 c.
상대가 불확실한 채로 대화를 진행하지 말 것. a의 경우 틀린 이름을 대면 무례하게 들릴 수 있다.

3. 정답은 c.
a는 상대의 기분을 상하게 만들 수 있다.

4. 정답은 a.
업무시작 전이라면 b처럼 변명을 할 필요 없다. 그렇다고 c처럼 나중에 걸라는 식도 NG.

5. 정답은 a.
통화가 불가능한 이유를 정확히 전할 것. 그리고 '끊어질지도 모른다'는 말을 들으면 상대방도 편안하게 말하지 못하게 된다.

6. 정답은 b.
잘 이해하지 못하고 일을 진행하는 것은 모든 트러블의 원인. c는 상대방에게 책임을 묻는 듯한 인상을 주므로 좋지 않다.

7. 정답은 c.
사내의 사정을 손님이 듣게 하는 것은 피해야 하고 상사를 불러내는 것은 더더욱 실례가 된다.

8. 정답은 b.
혹은 Dear + 풀네임을 쓰기도 한다.

9. 정답은 b.
특별한 경우가 아니라면 상대의 본문을 모두 남기는 것은 보기 불편해지므로 필요한 부분만 남기는 것이 좋다.

10. 정답은 b.
아직까지는 상대와 직접 얘기하는 것이 예의. 이메일로만 사과하는 것은 성의가 잘 전달되기 어렵다.

## 요약정리

### 1. 전화응대의 중요성

얼굴 없는 만남의 첫인상

정보화 시대의 요체

업무상 중요한 수단

회사와 개인의 이미지 결정의 판단기준

고객접점 업무의 최일선

### 2 전화응대 시 유의점

일회성

일방성

바른 자세(바르고 아름다운 목소리)

메모지 준비

미소 띤 얼굴

수화기는 왼손으로

목소리 톤

정확한 발음, 속도

잘 들리지 않을 때

만약 통화 중에 전화가 끊어지면

경청과 적절한 반응

반토막말

경어

## 3. 전화응대의 3원칙

신속

정확

정중

## 4. 주의해야 하는 표현

여보세요? 네?

기다리세요.

모릅니다.

할 수 없습니다.

뭐라구요?

그런데요.

제가 담당이 아니라서 잘 모르겠는데요.

무슨 일로 전화하셨어요?

그건 안 됩니다.

아까 말씀드렸잖아요.

없습니다.

## 5. 전화 받는 방법

(1) 메모와 미소 준비

(2) 벨이 두 번 울릴 때 수화기 들기

　수화기는 왼손으로

(3) 밝고 명랑하게 인사

　소속, 성명을 분명하게 밝힘

(4) 상대방을 확인

　TPO에 맞게 인사

(5) 용무 경청

메모

(6) 용건이 끝났음을 확인

통화내용 요약, 복창

(7) 끝인사

상대방이 먼저 끊은 다음 수화기 내려놓기

## 6. 전화 연결 시

"죄송합니다만, 어디시라고 전해드릴까요?

네, 곧 연결해드리겠습니다. 잠시만 기다려 주십시오."

직통번호 알려 주기

보류버튼 이용

## 7. 전화 걸기 전 준비사항

TOP 고려

상대방의 전화번호, 소속, 성명 확인

통화할 용건, 순서 메모

필요한 서류, 자료 준비

미소

## 8. 전화 거는 방법

디이얼은 정확하게

자신의 소속, 이름을 대고 상대방 확인

TPO에 맞는 인사

간결한 통화
요약, 확인
정중한 끝인사
수화기 내려놓기

## 9. 바르게 전언하기

받을 수 없는 상황 말씀드리기(통화 가능한 시간)
회사명, 이름, 일시, 장소, 수량 등 중요한 내용은 천천히, 그리고 반복, 복창
아무리 간단한 사항도 반드시 메모해서 전달

## 10. 메모 시 기록 사항

000 앞으로
0월 0일 0시 0분
000로부터
내용
전달자

## 11. 부재중일 때

상황설명 + 메모받기
"죄송합니만, 잠시 외출하셨습니다.
5시에 돌아올 예정이십니다. 메모를 남기시겠습니까?"
실명제

## 12. 잘 모르는 내용 문의 시

사과의 말씀 + 담당자에게 연결 + 담당자에게 미리 상황설명

'죄송합니다만 제가 담당이 아닙니다. 담당자를 바꿔드리겠습니다. 잠시만 기다려 주십시오.'

## 13. 잘 들리지 않을 때

'지금 전화 상태가 좋지 않은 것 같습니다. 죄송합니다만 다시 한번만 걸어 주시겠습니까? 끊겠습니다.'

## 14. 통화 중 기다리게 할 때

상황설명 + 상대에게 의사 타진 + 예상시간

"죄송합니다만, 지금 통화 중이십니다.

전화가 빨리 끝날 것 같지는 않은데 어떻게 하시겠습니까?"

## 참고문헌

KBS 아나운서실 한국어연구회(2003). 바른말 고운말. 서울: 한국방송출판.

강미은(2006). 논리적이면서도 매력적인 글쓰기의 기술. 서울: 원앤원북스.

강태완, 김태용, 이상철, 허경호(2001). 토론의 방법. 서울: 커뮤니케이션북스.

강홍식(2020). 리더들의 명연설문 베스트 30. 서울: 탑메이드북.

김명희(2006). 스피치 솔루션(커뮤니케이션의 해법과 지침서). 경남: 참이즈출판.

김명희(2014). 방송스피치 이론과 실제. 경남: 참이즈출판.

김명희, 강치원, 황순석(2012). 의사소통과 스피치 향상과정 직무연수. 부산광역시 교육연수원.

김봉년(2021). 10대 놀라운 뇌, 불안한 뇌, 아픈 뇌. 서울: KOREA.COM.

김소영, 김은지, 김지영, 김종민, 정세영, 최려원(2020). 창의력과 글쓰기. 경기: 청운.

김정우(2013). 미국 명연설 베스트 50. 서울: 탑메이드북.

김주환(2012). 스피치의 정석. 경기: 교보문고.

김진수(2007). 스피치와 리더십. 경남: Kmc21c.

김진수(2013). 파워 스피치 커뮤니케이션. 서울: 정인출판사.

문용식(2000). 스피치 커뮤니케이션 이론과 실제. 서울: 그리심.

박민수(2014). 마음을 움직이는 커뮤니케이션 기법. 서울: 시그마북스.

박재용(2018). 모든 진화는 공진화다. 서울: MID.

박지영(2016). 삼성처럼 프레젠테이션하라. 서울: 라온북.

숙명여자대학교 의사소통능력개발센터(2010). 세상을 바꾸는 발표와 토론. 서울: 경문사.

우지은(2009). 목소리 누구나 바꿀 수 있다. 경기: 위즈덤하우스.

유동걸(2012). 토론의 전사 1. 서울: 해냄에듀.

윤치영(2009). 1% 리더만이 아는 토론의 기술. 서울: 미래지식.

이기문(1993). 당신의 우리말 실력은? 서울: 동아출판사.

이동욱, 이연주, 정진헌, 조영주(2020). 발표와 토론. 서울: 역락.

이유미, 김은진, 윤경선, 김지연, 노석영(2017). 공감 프레젠테이션. 서울: 도서출판 하우.

이재희, 박효정, 이보람(2017). 프레젠테이션 전략. 경기: 양성원

이정옥(2008). **토론의 전략**. 서울: 문학과지성사,

이평숙(2006). **정신건강 간호학**. 서울: 신광출판사.

이현복(1998). **한국어의 표준발음** 서울: 교육과학사.

임태섭(2003). **스피치 커뮤니케이션**. 서울: 커뮤니케이션 북스.

임태섭(2010). **스피치 커뮤니케이션**(개정판). 서울: 커뮤니케이션 북스.

장선화(2017). **(장선화의) 교실밖 글쓰기**. 서울: 스마트북스.

전도근, 최운실(2004). **명강사가 되기 위한 비법**(118-119). 서울: 크라운출판사

정승혜, 문금현(2003). **대학생을 위한 화법 강의**(12-13). 서울: 태학사.

차배근(2003). **화법**. 서울: 지학사.

채영희(2003). **말하기·듣기 교육의 실제**. 경남: 부경대학교 출판부.

최려원(2021). **사고력과 글쓰기**. 경기: 청운.

최형용, 김수현, 조경하(2009). **열린 세상을 향한 발표와 토론**. 서울: 박이정,

하영목, 최은석(2013). **한국형 프레젠테이션의 완성**. 서울: 팜파스.

한상철(2006). **비판적 사고를 활용한 토론 분석과 응용**. 서울: 커뮤니케이션 북스.

홍기선(2002). **인간 커뮤니케이션**. 서울: 나남출판.

Buzan, T & Buzan, B. (2006). **마인드맵 북**. [THE MIND MAP BOOK] (권봉중 역). 경기: 비즈니스맵(원저출판: 1993).

Clark, C. (2003). **브레인스토밍**. [How to Create Successful Ideas] (신민정 역). 서울: 거름(원저출판: 1958).

Gallo, C. (2020). **스티브 잡스 프레젠테이션의 비밀**. [The Presentation Secrets of Steve Jobs] (김태호 역). 서울: RHK(원저출판: 2010).

Osho, R. (2015). **노자 도덕경: 두드리지 마라. 문은 열려 있다**. [Tao, the three treasures] (김석환 역). 서울: 티움(원저출판: 1977).

Zelazny, G. (2016). **맥킨지, 발표의 기술**. [SAY IT WITH PRESENTATIONS] (안진환 역, 이상훈 감수). 서울: 매경출판(원저출판: 2006).

e시대와 철학(http://ephilosophy.kr/han/809/).

구글 이미지(https://www.google.co.kr/imghp?hl=ko).

네이버 지식백과(https://terms.naver.com/).

〈추천도서〉

강태완, 김태용, 이상철, 허경호(2001). **토론의 방법**. 서울: 커뮤니케이션북스,

김병원(2000). **생각의 충돌: 토론 6단논법**. 서울: 자유지성사.

김학수(2001). 우리 토론문화의 적들. **인물과 사상, 33**, 40-55.

이응백, 이주행(1993). **말을 어떻게 할 것인가**. 서울: 현대문학.

이주행(1999). **방송화법**. 서울: 역락.

임영환 외(1997). **화법의 이론과 실제**. 서울: 집문당.

Alt, J. A. (2004). **꼴통들도 고개를 끄덕이는 참토론**. [Richtig argumentieren] (김태환 역). 서울: 뿌리와이파리(원저출판: 2003).

〈방송〉

EBS 커뮤니케이션 스킬.

# 찾아보기

## 저자 소개


### ▪ 김은철

동아대학교 철학 전공 학사

동아대학교 철학 전공 석사

독일 뷔르츠부르크(Würzburg)대학교 철학 전공 박사 수료

현, 부경대학교 겸임교수

### ▪ 최려원

부산대학교 국어국문학 전공 학사

부산대학교 교육대학원 상담심리학 전공 석사

창원대학교 일반대학원 상담심리, 교육심리, 특수교육학 전공 박사

현, 대동대학교 겸임교수

### ▪ 김명희

부경대학교 일반대학원 메스커뮤니케이션 전공 석사

부경대학교 일반대학원 교육학, HRD 전공 박사

현, 대동대학교 겸임교수

    한국통합교육인재개발원 대표

## **전략적 말하기**의 이론과 실제


1판 1쇄 발행 — 2022년 2월 28일
1판 2쇄 발행 — 2023년 8월 18일

저　　자 - 김은철 최려원 김명희
발 행 인 - 강철원
발 행 처 - 양성원
주　　소 - 경기도 파주시 검산로 173번길 29-12
전　　화 - 031-946-3861(代)
팩　　스 - 031-946-3864
이 메 일 - tnwpub@naver.com
홈페이지 - tnwpub.co.kr
출판등록 - 2015년 8월 31일 제 2015-000211 호

ISBN 979-11-6126-434-9

정가 20,000원